Hacia el Ideal.
Textos libertarios de
Albano Rosell (1947-1959)

Presentación y selección de textos

a cargo de Sergio Yanes

Legu, kopiu, diskonigu, reverku
kantu, muzikigu, kriu, recitu
ĉi Libron, Diskonigu la Ideon!

Llegiu, copieu, difoneu, reescriviu,
canteu, musiqueu, crideu, reciteu
aquest Llibre, Difoneu la Idea!

Títol: Hacia el Ideal. Textos libertarios de Albano Rosell (1947-1959)
Autor: Albano Rosell
Presentació: Sergio Yanes

Edició: Jordi Maíz / Pere J. Garcia Munar
Col·lecció Tempus Ago, 14
18x13 cm, 225 p., 2024

Calumnia Edicions
info@calumnia-edicions.net

1ª edició | març de 2024
ISBN: 978-84-128279-0-3
DL: PM 0100-2024

Hacia el Ideal.
Textos libertarios de
Albano Rosell (1947-1959)

Presentación y selección de textos

a cargo de Sergio Yanes

Escaneando este código tendrás acceso a una página web con el conjunto de textos de Albano Rosell que han sido reunidos durante la investigación. Encontrarás también documentos fotográficos y de archivo que han servido de fuente para el texto que tienes entre mano. Si lo deseas, también puedes acceder a través de la URL https:// albarosell.wordpress.com

Índice

AGRADECIMIENTOS

Este libro ha tenido a mucha gente a su alrededor durante su elaboración. Gerardo Garay, Pere Solà, Eduard Masjuan, Josep Lluis Campa y Pascual Muñoz han sido algunas de esas personas que con sus revisiones y consejos han ayudado a mejorar el resultado final.

Especial medición merecen Nora Rosell y Eliana Vessi. No hay duda en esto, sin su implicación este libro no hubiera sido posible.

Gracias también a Calumnia Edicions, por arremangarse y hacerlo realidad.

Sergio Yanes
Barcelona, julio de 2023

Nota introductoria

Las historias de Albano entraron en mi vida un verano, a la edad de siete años, en el estudio de mi abuelo. Él tecleaba en el ordenador mientras yo dibujaba sentada en el suelo detrás. No recuerdo cómo o con qué palabras empezó esa conversación, ni mucho del contenido, pero era una niña curiosa, a la que le gustaba que le contaran historias sobre el pasado y esa historia de alguna manera me marcó. Fue en esa primera conversación donde oí por primera vez el nombre de don Albano (así le llamamos en casa) y entraron también en mi vida las palabras "represión", "emigración" y "persecución".

Mi abuelo no hablaba mucho de su familia en vida y la mayoría de las cosas que sé sobre Albano me han llegado después de su muerte. A través de historias de personas que le habían conocido brevemente, de cartas conservadas en libros que atravesaron el Atlántico o de anotaciones en la parte trasera de antiguas fotos. A ojos de los que aún conservaban su recuerdo, Albano había sido un anciano alto y delgado, arisco, enfadado y, sobre todo, antipático. Para algunos de ellos, fue además un abuelo austero y un padre especialmente duro.

Durante la elaboración del trabajo que ahora tienen entre manos, pude acceder a las cartas, textos, fotografías e historias que iban saliendo a la luz y que describían el porqué de ese carácter. Albano fue un hombre que sufrió las consecuencias de ver cómo sus proyectos e ideas iban siendo tiradas por tierra, traicionadas por sus propios compañeros de lucha o asediadas por las circunstancias de un régimen feroz. Todo ello le obligó al exilio de su tierra varias veces y a ser testigo de cómo sus ideales y su lucha caían inevitablemente en el olvido. Vivimos hoy en el mundo contra el que Albano luchó.

Las palabras y los textos de Albano, escritas con múltiples alter egos para que no hubiese rastro de su autor, son poco conocidas. Reflejan una lucha diferente a la actual, heredera de la de los trabajadores y trabajadoras de las fábricas textiles catalanas. El de Albano fue un anarquismo crítico y molesto para aquellos que permanecían al vértice de los movimientos. Además, sus textos no fueron escritos con la intención de inmortalizarse en el futuro, sino con el propósito de servir a una lucha colectiva y radical opuesta a la creciente corriente de idolatración e individualización de los movimientos de izquierda en el siglo XX. Una sencilla prueba de ello fue su persistente voluntad de anonimato.

Incluso si la causa por la que mi tatarabuelo dedicó tantos esfuerzos ya no existe, o quizás hoy ya no es igual, su necesidad sigue siendo evidente. La hemos visto recientemente en las protestas contra el aumento de la edad de jubilación en Francia, con jóvenes tomando las calles, o en las protestas que han protagonizado activistas medioambientales en museos contra el consumo de combustibles fósiles y que tanto han indignado la opinión pública. Son protestas que responden a modos de hacer diferentes pero que tienen en común un impacto significativo. Y sobre todo, son colectivas. Como dijo el artista de comic Zerocalcare en un texto que escribió para una exposición de su obra en Milán (muchas de las cuales tratan las temáticas de los derechos humanos, el precariado y la resistencia contra el fascismo), *"fuera de la colectividad existe solo la mitomanía"*.

Para concluir, me gustaría dar las gracias a aquellas personas que han hecho posible esta publicación y a Sergio Yanes, por facilitarme el acceso a archivos que creía perdidos y gracias a los cuales he conseguido reconectar con mi tatarabuelo. Me han permitido entender su historia y en consecuencia también la mía.

Eliana Vessi Rosell
Madrid, julio de 2023

PRESENTACIÓN. ROSELL EN LA ESTACADA

[...] sólo nos reunimos algunos de la vieja guardia cuando hay
que enterrar a alguno, y los nuevos, si vienen, nos miran como
entelequias curiosas. Pero nosotros no tardaremos mucho en
verlos renunciar o fracasar en sus afanes libertarios de otrora,
en tanto seguimos firmes y conscientes de lo que el Ideal es y
debe merecer
Rosell, 1951

Han transcurrido más de seis años desde que se ideó este libro. Fue en Montevideo, en casa de Nora. Durante varios meses, quien escribe esta introducción, tuvo el inmenso privilegio de pasar unos días rodeado de recuerdos, fotografías, libros y manuscritos de su abuelo. Bajo la imponente compañía en la pared de un paisaje portuario y tres bodegones firmados por Joaquín Torres García[1], Nora no cesó en la búsqueda de nombres, fechas o lugares, que nos permitieran unir los muchos cabos sueltos de Albano y, ya de paso, de su propia historia familiar. A pesar de la fragilidad de sus ojos, cada vez más apagados, se esmeró en leer cada uno de los documentos que yo le iba descargando en la mesa cada vez que visitaba la Biblioteca Nacional y otros archivos. Entre hoja y hoja, yo aprovechaba para dar rienda suelta a mis torpes conjeturas, que, a pesar de todo, ella siempre escuchaba con total interés.

La tarea no fue fácil. Todas las propiedades que definen la estructura de un laberinto bien podrían ser atribuidas a la vida de Albano Rosell. Encarnado en múltiples identidades, su legado se distribuye en varios centros de gravedad que dibujan un escenario de caminos intrincados, inextricablemente complejos

---

1   El pintor Joaquín Torres García había sido vecino de los Rosell en la casa familiar de la calle Abayubá, en Montevideo.

y enrevesados. Rosell hizo de su vida pública y privada una composición de encrucijadas ingobernables, una poética de la alteración y la libertad. Fue un eterno personaje secundario, apareciendo y desapareciendo sin mayores explicaciones, dejándose ver por el epicentro de la historia, pero nunca tomando protagonismo. Su obra es tan desconocida como su figura.

La recopilación de textos que tienen entre manos, es un testimonio de lo que podríamos llamar el ocaso de la vieja guardia, en otras palabras, los últimos años de aquellos anarquistas ibéricos que vivieron su plenitud social y política desde finales del XIX hasta mediados del XX. Rosell vivió 83 años, tiempo suficiente para transitar desde los primeros sindicatos obreros en Cataluña hasta la defunción del cenestismo revolucionario en el exilio francés. Esto le coloca en el privilegiado lugar de los que presenciaron y participaron de un ciclo único en la historia contemporánea.

No ha sido nada sencillo seguir y poner orden al rastro discontinuo que dejó Rosell. Su obra se compone de libros, ponencias, revistas, opúsculos y artículos dispersos en el tiempo y el espacio, guardados o perdidos en cajones de archivos, bibliotecas, librerías y hogares. Al respecto, es de agradecer y reivindicar la importancia que para este volumen ha tenido el trabajo de digitalización de revistas y periódicos tanto en España como en Uruguay, Argentina, México, Francia y Estados Unidos. Cabe señalar también que, paradójicamente, Rosell dejó escrita buena parte de su biografía. No lo hizo de forma metódica ni condensada en una obra, como sí hicieron tantos otros de su quinta. Rosell fue dejando pedazos y fragmentos a medio hacer, anotaciones sobre hechos, personajes y situaciones que ha habido que recomponer.

Hay varias opciones para empezar a estirar del hilo, pero como toda biografía exige, empezaremos por el nombre.

Matar al autor para devenir idea

El uso de nombres ficticios para ocultar o velar la autoría de un texto siempre ha sido habitual en los ambientes anarquistas, aunque no es exclusivo ni originario de ellos. Los alias, apodos o nombres de pluma, datan de como mínimo el siglo XVII y desde entonces han sido utilizados por periodistas, escritores, dramaturgos y músicos para reservar sus identidades, ya fuera por modestia, por status, por desconfianza en sí mismos o por el mero deseo de dar rienda suelta a ciertos desahogos personales incontenidos, como en los casos de Gabriel Téllez (Tirso de Molina), François-Marie Arouet (Voltaire) y Jean-Baptiste Poquelin (Molière). También han sido empleados por motivos políticos, familiares o por un afán experimental, como hicieron Eric Arthur Blair (George Orwell), Charles Lutwidge Dodgson (Lewis Carrol) o Samuel Clemens (Mark Twain). Entre anarquistas, algunos de los seudónimos más recordados son los de Joan Montseny i Carret (Federico Urales), Luce Fabbri (Luz D. Alba, Epicari), Pável Dmítrievich Turchanínov (Lev Chorni), Federica Montseny (Blanca Montsan), Sinesio Baudilio García Fernández (Abad de Santillán) o el ilustrador Alfons Vila i Franquesa (Shum).

Albano Rosell hizo suya también esta práctica y no escatimó a la hora de usar seudónimos. Se conocen los de Frank Aube, Avenir Alba, Germina Alba, Victoria Zeda[2], Laboremus, Laureano d'Ore, Héctor Thales (a veces solo Thales[3]) y Antonio Roca. Aunque no en pocas ocasiones se le ha relacionado con J. E. Martí, quien en realidad fue un pensador argentino de finales del siglo XIX, o con Palmira Luz, seudónimo de la maestra valenciana Elena Just Castrillo. Hay quien le ha

---

2 Zeda fue también su sobrenombre masón.
3 Usó este seudónimo en sus primeras publicaciones en el diario El Trabajo (1905).

señalado también como Xunk o como "El Otro", pero ni uno ni otro han sido demostrados. Rosell explicaba así su inclinación por el uso de seudónimos:

> Partidario ya de los trabajos sin firma [...] adopté pseudónimos, muchos de los que todavía suelo usar, no para rehuir compromisos, pues siempre que ha sido necesario que el autor responda no me he negado. Fue, y es, por fidelidad a mi criterio de los 18 años de combatir el personalismo, el endiosamiento y, en muchos casos, por necesidad a fin de no aparecer en un mismo número tres o cuatro artículos con una misma firma; pero más que nada, para evitar lo que tanto liga a los hombres. De ahí que, en mi vida de escritor en periódicos y revistas, haya perdido la cuenta de los pseudónimos usados, habiéndose producido muchas veces, casos chuscos de individuos que combatían mi manera de pensar en conversaciones amigables, y elogiaban ditirámbicamente el contenido de artículos o las ideas vertidos en ellos por mí mismo, pero bajo pseudónimo (en Solà, 2011: 100).

En un artículo publicado en el periódico El Naturista, Rosell -bajo el seudónimo de Laureano D'Ore- afirmaba que:

> "he hecho todo lo posible en todos los actos que tienden a evidenciarse ante las masas, de pasar desapercibido, de pasar ignorado, de ser desconocido. [...] Yo he escrito casi

siempre en pseudónimos, y cuando uno de ellos, por cualquier causa, llegaba a ser conocido, lo abandonaba, anheloso de que no se fijaran con quien lo escribe, sino con lo que se dice, y si se acepta, se cumpla lo mejor que se pueda. Se me ha pedido en varias ocasiones la fotografía para ser publicada en revistas y otros impresos, y siempre la he negado, porque me repugna ese exhibicionismo santón. [...] Creo que si yo hubiese tenido la manía de ser pastor, apóstol o único, todo ello habría acontecido de otra manera, y no hubiera despreciado las varias ocasiones que se me han ofrecido para ser personaje, director, inspirador, caudillo"[4.]

Rosell nunca abandonó sus seudónimos, aunque como él mismo se encargó de admitir, tal práctica debía ser entendida ya como parte de otro tiempo:

"En quant als pseudònims no cal cap-ficar-se-hi, doncs no té major importància; si els signo, és per recordar-me moments de lluita o de coses passades en camarade-

---

4   D' Ore, L. (1922) "Sendas tortuosas", en *El Naturista*, año I, n° 5.

ria" (Carta de Rosell a Elvira[5] i Joan Ferrer i Farriol[6], 5.2.1956).

Hay otra cuestión que merece ser destacada en este asunto. El hecho de haber vivido una parte de su vida en Catalunya y otra en Uruguay, y ser considerado como catalán y uruguayo por unos y por otros, le llevó a asumir como propias otras declinaciones de su nombre, como Albà o Alban. Pero el colofón final de todo este embrollo es algo que ha pasado completamente desapercibido a lo largo de los años. Por deseo de sus padres, Albano, en realidad, fue inscrito al nacer con el nombre de Álvaro. Ese debió haber sido su nombre y ese fue, sin duda, el que recibió durante toda su niñez y adolescencia. Ahora bien, no conforme con el mismo, el día de su boda aprovechó un error caligráfico del funcionario de turno para cambiarlo definitivamente:

---

5 Elvira Trull Ventura (Barcelona, 1896 - París, 1990). Trabajadora fabril vinculada a la CNT. Se exilió a Francia en 1937 y fue deportada a España en 1940. Después de su paso por la cárcel de Montjuïch, pasó un tiempo en Barcelona y luego regresó definitivamente a Francia. Fue la compañera de Joan Ferrer.

6 Joan Ferrer Farriol (Igualada, 1896 - Montreuil, 1978). Periodista anarquista vinculado a la CNT. Autor de varias obras literarias e historiográficas y editor de los periódicos *Germinal* y *El Sembrador*. Fue el compañero de Elvira Trull.

[...] que yo, en lugar de Álvaro, como querían que me llamara, o sea, el nombre del día que nací, me llamase Albano, es debido a que en el libro del Registro Civil donde consta mi inscripción, la letra que debía ser una "r", parecía una "n" y la que debía ser una "v" fue una "b", todo lo cual hizo que al contraer matrimonio solamente civil y, gracias a *filustrar* el error del secretario que debía saber escribir poco, aproveché para quedarme el de Albano, ya que siempre me gustó más el nombre físico de una montaña o de una raza, que no el de un santo, algo ficticio (Rosell, 1951).

Del telar a la escuela

Albano Rosell -o Álvaro, para ser más estricto- nació el 18 de febrero de 1881 en Sabadell. Fue el noveno hijo de Josep Rosell Calsa i Eulàlia Llongueras Vallsdeperas, ambos oriundos de Olesa de Montserrat, en la provincia de Barcelona. Se consideró a sí mismo como un hombre de ideas y en varios escritos situó su despertar social a los quince años. Su padre había sido un federal de la AIT, y de niño le había acompañado a varias manifestaciones obreras. Sin embargo, Rosell tomó una opción diferente a la de su progenitor y así se lo hizo saber: *"De un fugaz internacionalista como tú, de un republicano federal, ¿qué ha de salir? ¿un reacciona-rio?... Sería absurdo. Un libertario es lo lógico"* (en Solà, 2011: 93). Pero la relación con este nunca fue fácil; las palizas a su madre eran habituales y no pararon hasta que Eulàlia falleció en 1892 tras una larga enfermedad. Rosell se distanció de su padre y con tan solo once años abandonó la escuela para iniciar su periplo en las fábri-cas textiles de Sabadell y como peluquero ocasional[7].

Al principio, comenzó ayudando a su hermano mayor, Luís, y a su tío en el telar, pero después de unos meses se unió como trabajador asalariado. Los tumul-tuosos años noventa fueron testigos de un intenso conflicto entre anarquistas y las fuerzas policiales, que resultaron en una serie de atentados por ambas partes[8]. A raíz del atentado del Corpus en Barcelona y el con-siguiente Proceso de Montjuïch (1896), la situación política y social se fue tensando aún más, y en Sabadell,

---

7 Según el propio Rosell, "fuente de recursos para mis compras de libros y para los estudios escolares" y "un recurso para manejar fondos bien míos, sin tener que dar cuenta a nadie de ellos" (en Solà, 2011: 71-94).

8 Los más mediáticos fueron el intento de asesinato contra el capitán general de Cataluña Arsenio Martínez Campos (1893), el atentado bomba en el Liceo (1893) y el asesinato de Cánovas del Castillo a manos de Michele Angiolillo (1894). Todos tu-vieron como respuesta inmediata la detención y ejecución de los acusados.

como en Barcelona, se empezó a vivir en un estado de continua revuelta y represión que dio alas a la reorganización obrera. Fue en ese contexto donde Albano entró a militar en el Sindicato Textil y a organizar el Sindicato de Peluqueros de la ciudad, tarea que llevó a cabo durante más de dos años.

En todo aquello le acompañó su inseparable amigo Mateo Morral. Ambos habían organizado el grupo anarquista Gente Joven y la Agrupació Dramàtica Ibsen, y se habían hecho cargo de las labores de imprenta y difusión a gremios y agrupaciones de propaganda[9]. Rosell y Morral estaban vinculados también a la Federación Obrera[10], lo que les permitió coincidir

9 Reciben, por ejemplo, un encargo del Grupo Alba Social de Barcelona para imprimir y distribuir un manifiesto en homenaje a Angiolillo, y la difusión en Sabadell de la Agrupación Avenir, fundada en 1902 por Felip Cortiella, Leopoldo Bonafulla y Joan Usón.

10 José Giner, representante de los tejedores, presidía en aquel momento la Federación Obrera Sabadellense, y Carlos Piazza dirigía *El Trabajo*, su órgano de propaganda. Ambos bebían de las ideas federales e internacionalistas de Pi i Margall. Como seguidor de este, Rosell nunca consideró una contradicción formar parte de la Federación y profesar ideas libertarias. En varios textos se encargó de recordar que precisamente Pi i Margall fue quien había introducido a Bakunin en España. Aun así, en 1903, fiel a su orientación libertaria, rompió con el Círculo Federal cuando se impuso un aumento general de la cuota para gastos electorales.

en mítines y conferencias con figuras de la talla de Anselmo Lorenzo, José Prat, Sebastiá Suñé, Teresa Claramunt, Leopoldo Bonafulla o Josep Llunàs, el que fuera editor del diario *La Tramuntana*. Cuando Juan Vilanova sucedió a Giner como presidente de la Federación Obrera, Rosell convenció a otros para formar una Sección Varia y acoger a todos los trabajadores sin oficio ni sección definida. José Moreno, encarcelado en Montjuïc y exadministrador del periódico *El Productor*, se convirtió en la cara visible de la organización. Y como si todo esto no fuera suficiente, colaboraba puntualmente con los periódicos *Progreso* y *La Protesta*; fue en este último donde publicó su primer artículo titulado "La Gran Fiesta".

El hecho de que Rosell participara activamente en esos entornos no significaba que estuviera exento de cuestionarlos y ponerlos en tela de juicio. En su búsqueda de un cambio social basado en la libertad y la autonomía individual, veía con escepticismo la noción de que la fuerza y la influencia debían residir en la masa. Su posición, como la de tantos otros anarquistas, consideraba a la masa como un ente carente de razonamiento.

Tots sabem, com a revolucionaris, que no cal confiar en la massa, car de la mateixa manera que destrueix un règim i desfà uns tirans, exalta uns capitostos que l'explotaran, mentre castiga els que vertaderament volen el seu benestar i malden pel seu alliberament... (en Solà, 173).

El escepticismo de Rosell finalmente se impuso después de la huelga general del 17 de febrero de 1902, liderada por los trabajadores metalúrgicos con el objetivo de lograr una reducción de la jornada laboral a nueve horas. Desde hacía algún tiempo, varios libertarios de Sabadell y Terrassa, incluyendo a Rosell y Morral, se reunían los domingos en la masía de Can Barba, ubicada entre ambas ciudades. Estas reuniones tenían un doble propósito: definir y acordar su actuación en sindicatos y grupos, y recaudar fondos para apoyar a presos y difundir propaganda. Un año antes, para la huelga de 1901, Rosell y otros habían acordado interrumpir las comunicaciones entre Sabadell y Barcelona, pero el plan falló en el último momento debido a la ausencia del mecánico encargado del asunto. Sin embargo, para la huelga de 1902, se planeó algo más ambicioso: organizar pequeñas comisiones en Sabadell y Terrassa con el propósito de tomar como rehenes a ciertos patronos, o incluso a sus familias, en las instalaciones de la Federación Obrera Sabadellense:

Este plan obedecía al propósito de evitar los desmanes de la guardia civil [...] por cada obrero que cayera, un burgués o un familiar sería ejecutado, y en caso de un ataque a fondo, saldríamos a la calle en manifestación encabezada, como muralla, por los detenidos para que fueran las primeras víctimas que hiciera el capitalismo [...] Estábamos en guerra social contra el capitalismo (en Solà, 2011: 83).

Pero los resultados de esta segunda acción no fueron muy distintos a los de la primera. El día D solo se presentaron los camaradas Morral, Vidal y Durán y lo acordado se hizo inviable:

Éramos revolucionarios, nadie podía dudarlo, pero, la familia, el sentimentalismo, el corazón, nos ataban en el momento de obrar como tales, y es que las teorías son tentadoras en tanto que tales, pero las realidades, ¡son más bravas de lo que nuestro fervor supone! (en Solà, 2011: 83).

Decepcionados con sus iguales, Rosell y Morral llegaron a plantearse dejar Sabadell y unirse a un proyecto de colonización libertaria en California, difundido por Johann Most, editor del famoso diario *Freiheit*. El proyecto también fracasó y Rosell tomó una decisión que hacía tiempo que venía sopesando: adherirse a la recién creada Escuela Moderna y su acción educativa.

[...] íbamos a probar si hallaríamos mejor manera, a lo lejos, entre camaradas desconocidos, del que habíamos hallado en nuestro medio, ya que quisimos probar esa modalidad en unos terrenos que Morral poseía, si bien infructuosamente porque llegado el momento, los camaradas comprometidos y entusiastas, se abstenían. Una epidemia surgida en la región de la colonia nos contuvo del paso que íbamos a dar, y, desde entonces, mi determinación fue hacia un punto básico: la educación, sin descuidar las actividades propias de quien está sujeto a un horario, a un jornal, a una máquina" (en Solà, 2011: 113).

El paso a la vida adulta de aquel "mozalbete imberbe y larguirucho" se consagró al contraer matrimonio con la tejedora y futura maestra Esperança Figueras i Davi, el 6 de enero de 1904. Esperança había nacido también en Sabadell, aunque sus padres, Jaime y Rosa, eran originarios de Montmeló. El matrimonio de ambos coincidió con el distanciamiento entre Mateo Morral y Rosell, hasta entonces impensable. Casi de un día para otro, Morral dejó la fábrica y la casa familiar y se unió también a la Escuela Moderna de Ferrer y Guardia en Barcelona. Allí entró a trabajar en un centro con

Mariano Batllori[11]. Rosell por su lado, siguió labrando su fama de beligerante -una fama que le acompañaría toda la vida- con acaloradas discusiones con Fabián Palasí, líder del espiritismo y librepensamiento en Sabadell y director de la Institución Libre de Enseñanza en esa misma ciudad (Delgado, 1978). A través de las páginas de diarios como *El Trabajo*, Rosell y Palasí se enfrentaron a través de denuncias y acusaciones que ponían en entredicho la ética y el compromiso social del que uno y otro hacía alarde.

Durante las largas horas que pasaba tejiendo y afeitando barbas, Rosell también leía y escribía, llegando a completar incluso algunas obras de teatro, como Plors de cor (1903), Artistes (1903), Els Llenyataires (1903), La Fábrica[12] (1903) o Claror lejana (1904), muchas de ellas estrenadas con la Agrupación Ibsen. A mediados de abril de ese 1904, su suerte cambió definitivamente: Ferrer i Guàrdia le hizo saber que contaba con él para hacerse cargo de la dirección de una escuela

---

11   Mariano Batllori (1861 - Londres, 1912). Administrador de la Escuela Moderna de Ferrer i Guàrdia. Estuvo casado con Berthe Bonnard, hermana de Leopoldina Bonnard y madre de Leopoldo "Riego" Bonnard, primer hijo de Ferrer.

12   Esta obra se basa en los hechos reales ocurridos en la fábrica del Lloparret (Giralt de la Rambla), en Sabadell.

en la barriada industrial de «Les Mallorquines», en Montgat.

> [...] el 1º de mayo de 1904, partimos con mi compañera, resueltos a probar cualidades educadoras con la buena voluntad que nuestros 23 años y nuestros ideales nos alentaban para vencer en la obra nueva, al parecer menos ingrata y más eficaz que la de tejer metros de tela para el capitalismo. (en Solà, 2011: 114).

El 10 de mayo se abrieron las puertas de la escuela bajo la tutela de Rosell y Esperança. El local, un caserón que los fines de semana hacía las funciones de salón de baile, era propiedad del Sr. Cuscó[13], un reconocido promotor social y cultural de Montgat. Pese a las buenas intenciones, las instalaciones dejaban mucho que desear. Contaba con varios cuartos pequeños sin luz ni ventilación adecuada donde los críos apenas podían moverse. La vivienda estaba en la parte superior y tampoco resultó ser nada satisfactoria. A los quince días las autoridades ordenaron su cierre alegando incumplimiento de los requisitos legales pertinentes. Rosell

---

13   Josep Cuscó Duñó (Barcelona, 1902 - Montgat, 1986). En 1931 abrió una biblioteca popular en la trastienda del bar que regentaba; tras diversos cambios de local, cerró en 1937 en plena guerra. La Biblioteca Popular llevó a cabo varias iniciativas culturales y educativas y fue el germen de la actual Unió Esportiva Montgat.

siempre sospechó de aquel cierre. Aun aceptando que las condiciones no eran las adecuadas, le llamó la atención que las autoridades se fijaran en ellos y no en las miles de escuelas oficiales o privadas que había en peores condiciones a lo largo y ancho de España. O sin ir más lejos, en la inmensa mayoría de escuelas racionalistas, laicas y libres de los centros lerrouxistas, librepensadores, espiritistas y obreros, que tampoco disponían de los permisos correspondientes. Entre ellas, la Escuela Moderna de Barcelona. Esta situación le llevó hasta el despacho de Ferrer, pero no recibió de su parte ni el compromiso ni la ayuda que esperaba. Fue un encuentro decepcionante. Rosell decidió entonces arreglárselas por su cuenta; tardó dos meses en legalizar la escuela, no sin la ayuda del Dr. Rodríguez Méndez, rector de la Universidad de Barcelona. Con todo el papeleo en regla, la de Montgat fue una de las primeras escuelas racionales y mixtas plenamente legales en todo el país.

La escuela funcionaba tres horas de mañana y otras tantas de tarde, con clases de treinta y cinco a cuarenta y cinco minutos cada una, y entre una y otra, un espacio de recreo de unos quince minutos donde los maestros se sumaban a los juegos de los alumnos. Su buen funcionamiento permitió sumar al también maestro sabadellense Esteve Guarro, quien se encargaría de cubrir a Esperança para que ésta guardara reposo en su embarazo. Pronto se vio también la necesidad de mejorar los espacios y buscar un nuevo local. El padre de Josep Lleó Ferrer Fontcuberta, alumno de Rosell y hermano de Ferrer i Guardia, se dispuso a financiar el proyecto con un dinero que tenía de cuando estuvo en Australia.

En octubre de 1905 Esperança dió a luz a su primer hijo y las cosas no podían ir mejor. Rosell, en plena actividad, entró a formar parte del *Museu Pedagògic Experimental*, impulsado por Francisca Rovira de Forn[14] ese mismo año. Colaboró también con la revista Pedagogía Experimental de Clemencia Jacquinet y se integró a la Sección Catalana de la Liga Internacional para la Educación Racional de la Infancia (LIERI). Alejado de los telares, no cesó en declarar su compromiso con una acción educativa que fuera *"una educación para la vida de futuro, una educación sociológica, humana, razonada, que hiciera responsable al hombre del porvenir de sus actos, sabiendo elegir y actuar en un sentido fraternal y libre"* (en Solà, 2011: 131).

14   Francisca Rovira de Forn (? - ?). Profesora. Creó junto a A. Tudurí Pons el diario *La Moralidad* (1888-1899). Fue también redactora de *La conciencia libre de Barcelona* y otras revistas anarquistas. En 1912 participó en el Primer Congreso Escolar de Higiene Escolar.

Ese mismo fervor se alimentaba de una oposición cada vez mayor hacia los métodos de Ferrer. Rosell fue muy crítico con cierta facilidad con la que "cualquiera" podía hacer de maestro en las escuelas racionalista de Ferrer "*con tal de satisfacer la demanda de personal que hacían los centros políticos, obreros y librepensadores afanosos de crear escuelas a fin de conseguir subvenciones del Municipio y de la Diputación*". A esto se le unía además el rechazo al anticatalanismo de Ferrer, quien, según Rosell, ponía profesores no catalanoparlantes en escuelas donde todos los alumnos lo eran. Para el sabadellense, el racionalismo no debía rechazar el principio básico del uso del idioma materno en la escuela primaria:

> Ferré era anticatalà, odiava el catalanisme, els de la Lliga, i això el dugué a certa confiança amb Lerroux, pretès enemic i destructor del catalanisme com també de l'obrerisme barceloní. [...] Si és cert que el catalanisme era reaccionari, clerical, burgès, no cal ignorar que hi havia un sector no menyspreable que maldava per les coses nostrades del punt de vista de futur, com ho feien l'Agrupació Avenir i com ho intentàrem amb el Centre Fraternal de Cultura" (en Solà, 2011: 174).

Pero cuando todo parecía ir bien, comenzaron a derrumbarse las expectativas, unas tras otras. El dinero australiano para mejorar las instalaciones de la escuela nunca llegó, y permanecer allí, viviendo de aquel modo, se hizo cada vez más difícil hasta resultar imposible. Guarro abandonó la escuela para ir a Maó y Esperança se fue a vivir sola en Sabadell con el bebé. Rosell iba y venía caminando cada fin de semana desde Montgat. A inicio de 1906, acordaron abandonar el proyecto y buscar una escuela en la pudieran trabajar y vivir los dos juntos.

Casualidades, al poco tiempo surgió la posibilidad de ir a Maó y sustituir, precisamente, a Esteve Guarro. José Robles[15] se encargaría de tomar las riendas de la escuela de Montgat a partir de mayo. Pero el 31 de ese mismo mes, durante un encuentro con Ferrer en la estación de tren de Montgat, llegaron noticias de Madrid: habían atentado contra el rey Alfonso XIII. Ninguno de los dos dudó en atribuirle la autoría a Morral. Después del intento fallido de París un año antes, volvió a probarlo en Madrid, esta vez, el día de la boda real. Asomado al balcón del último piso del número 88 de la calle Mayor, Morral arrojó un

---

15   José Robles estaba casado con una hermana de Soledad Villafranca.

explosivo dentro de un ramo de flores al paso de la comitiva nupcial. A pesar de la veintena de personas que murieron, los reyes salieron ilesos. Morral corrió peor suerte; tras una primera huida, es detenido al cabo de dos días en Torrejón de Ardoz, cuando se disponía a coger el tren a Barcelona. Poco después cayó muerto.

La acción de Morral cambió los planes de Rosell y Esperança, pero también los de la enseñanza racionalista en España. Al cabo de pocos días, tuvo lugar una oleada de registros y detenciones en escuelas, ateneos y sindicatos. Por su afinidad monárquica y su fervor anticatalanista, solo las escuelas con apoyo lerrouxista se salvaron de la represión. Ferrer i Guardia fue detenido, aunque posteriormente absuelto; el miedo a una respuesta aún más violenta si Ferrer era enjuiciado planeó entre los jueces. El ambiente estuvo tenso aún durante un tiempo, por lo que fue imposible reabrir las escuelas hasta que los ánimos se calmaron.

Roto el proyecto de Maó, la situación devino tan precaria que ambos barajaron la posibilidad de volver al telar. Las deudas les ahogaban y la policía andaba detrás de Rosell. Con sorna, dejó escrito que:

Tenía el propósito de presentarme a la Dirección de Seguridad de Barcelona para ver de qué se trataba ante el afán de hallarme, pero me pareció que era más lógico que fueran ellos que dieran conmigo, ya que tal era su oficio (en Solà, 2011: 142).

Pero la situación volvió a dar un giro inesperado cuando el hermano de Albano, Lluís, regresó de Bolivia, donde trabaja suministrando artículos a los poblados del río Beni, en el Amazonas. En un primer momento, se ofreció a acompañarlo en sus negocios, pero Lluís le convenció para no hacerlo, era demasiado peligroso. A cambio, le ofreció el dinero necesario para que pudiera abrir su propia escuela en Sabadell, sin depender de Comisiones ni favores a terceros.

Diumenge à la tarde s'inaugurà l'Escola Integral de Primera Ensenyansa que dirigeix don Alban Rosell, en el carrer de la Salut, 70. Aquest nou Centre docent, està instalat en ample, clar y higiénich local, disposant de bon menatge pedagógich. Dona classes de pàrvuls elemental per la senyora Esperansa Figueras, elemental ampliada per don Albano Rosell, de francès, tall y labors de noyes, per donya Franciscà Padios y de cant, solfeig y piano, per don Joseph Vilatoba. (El Vallés, Setmanari Autonomista, 26-28.10.1906).

Lejos de los buenos augurios, la escuela volvió a encontrarse con una firme oposición de parte de Palasí y los suyos, quienes no cesaron en su campaña de desprestigio hacia ella y sus impulsores, "un tejedor y una zurcidora". Al boicot que sufrieron se le añadieron los consecuentes problemas económicos por la falta de alumnos. A diferencia de Montgat, esta vez jugaban en el territorio donde Palasí tenía mayoría y su influencia se dejaba notar. Para colmo de males, en abril de 1907 falleció su hijo tras una enfermedad mal tratada. El naturismo de ambos tiene su origen en aquel episodio.

Los contratiempos hicieron que el segundo año escolar no fuera mucho mejor, pero consiguieron aguantar. En el tercero les vino impuesta una nueva orden de clausura, esta vez firmada por un inspector de Enseñanza Provincial, amigo, como no, de Palasí. Se iniciaron los trámites correspondientes y la escuela se mantuvo abierta, una vez más y como pudo. Ese mismo año de 1908, se publicó *Cultura*, el boletín mensual de la Escuela Integral; duró seis números. En sus páginas se explicaban al detalle las excursiones que hacían a la playa, donde se daban las clases de botánica y geología, a la fábrica textil de Martín Morral, padre de Mateo, donde conocían los procesos de producción y las condiciones de la clase trabajadora, o al Observatorio Fabra, donde su director Comas Solà les recibía con alguna conferencia sobre Astronomía y Meteorología. También se sucedieron los intercambios con la escuela

Horaciana de Lloret de Mar -donde estaba Esteve Guarro y Pilar López- y la Horaciana de Barcelona, regentada por su ideólogo Pau Vila, quien era amigo de Rosell desde la época de la agrupación Avenir y el Centro Fraternal de Cultura. Con todo ello, la escuela fue remontando poco a poco hasta conseguir cerrar el año con cincuenta alumnos. Todas estas actividades daban cuenta de la voluntad de formar una escuela integral, dinámica, viva, activa y física.

> La Escuela Integral iba cumpliendo sus planes de mejoramiento y teníamos la esperanza de, al cabo de ocho o diez años, si su progreso continuaba con el ritmo de entonces, de instalar en paraje libre y apartado de la ciudad, una colonia escolar permanente en donde procuraríamos realizar plenamente nuestro ideal educativo, libre de las miserias del medio y de las dificultades de la familia (en Solà, 2011: 156).

Pero la situación económica nunca dejó de ser límite. Facundo Morral, hermano de Mateo, les ayudó con algunas deudas, lo que les permitiría afrontar también los gastos derivados del nacimiento, el 29 de diciembre de 1907, de Avenir, su segundo hijo.

El golpe final a esta segunda aventura pedagógica vino en el verano de 1909, con la Semana Trágica, o

Semana Brava, como él mismo se encargó de rebautizar. Días después de que se apaciguaran las calles, la escuela volvió a abrir, pero esa misma mañana recibieron ya la visita de la Guardia Civil. El jueves siguiente, detuvieron a Samper, amigo de Rosell y compañero en la agrupación Ibsen. Inmediatamente, este le comunicó a Esperança que debía huir a Francia. A las nueve de la mañana del viernes llegó a Barcelona y le contó también a Simó su decisión; a las seis de la tarde llegó a Cerbère y a las nueve a Perpinyà, dirigiéndose a casa de su amigo Conrad Montavà[16]. A los pocos días la Guardia Civil volvió a la escuela preguntando por Rosell, y, esta vez, con una orden de cierre. Ante esa situación, decidieron malvender los muebles y los materiales escolares y reunirse en Francia. Esperança cruzó la frontera junto a Avenir, quien por entonces tenía 15 meses. A finales de verano viajan ya todos juntos a Burdeos para tramitar los billetes y embarcar, el 10 de septiembre, en el Atlantique, de la compañía "Des Transports Maritimes". El buque los llevó a Chile, de ahí viajaron a Montevideo y tras una corta estancia cruzaron a Buenos Aires.

---

16   Conrad Montavà (Sabadell, ? - Perpinyà, ?). Pintor formado en la Acadèmia de Belles Arts de Sabadell. Organizó el periódico *El Trabajo* junto a Rosell, Josep Maurell y otros.

El primer exilio

El viaje fue duro y largo, pero con la llegada todo
mejoró. En pocas semanas ya había conocido a la flor
y nata de la intelectualidad anarquista argentina. John
Greaghe[17], Alberto Ghiraldo[18], Apolinario Barrera[19],
Rodolfo González Pacheco[20], Félix Basterra[21], Carlos

17 John O'Dwyer Creaghe (Limerick, 1841 - Washington,
1920). También conocido como Juan Creaghe, fue un médi-
co, pedagogo y periodista, vinculado al anarquismo argentino.
Fue uno de los fundadores de la Federación Obrera Regional
Argentina (FORA) y de los diarios *El Oprimido* (1894) y *La
Protesta* (1897).

18 Alberto Ghiraldo (Buenos Aires, 1875 - Chile, 1946). Escritor, publicista y abogado anarquista. Aparte de su actividad política como militante de la Federación Obrera Regional Argentina
(FORA), tuvo cierta notoriedad como dramaturgo.

19 Apolinario Barrera (Buenos Aires, 1877 - Buenos Aires,
1945). Militante anarquista y exmilitar, fue administrador durante más de una década del diario *La Protesta* y fundador de
la Sociedad de Obreros Carpinteros de Buenos Aires. En 1912
integró la Comisión técnico-administrativa de la Liga de Educación Racionalista.

20 Rodolfo González Pacheco (Tandil, 1883 - Buenos Aires,
1949). Dramaturgo, periodista y cineasta anarquista. Fue editor
de uno de los diarios libertarios más importantes de Argentina,
La Antorcha.

21 Félix Blas Basterra (País Vasco, 1874 - Buenos Aires, 1926).
Periodista, escritor y militante anarquista. Estuvo vinculado a la
Federación Obrera Regional Argentina (FORA) aunque más

Balsán[22] o José de Maturana[23], fueron algunos de los nombres con los que estableció relación más o menos frugal. De ese ambiente fue que surgió la oferta de dirigir la Escuela Moderna del barrio de Villa Crespo, unos de los bastiones anarquistas de la ciudad. Pero como si fuese portador de una especie de maldición, un mes después de asumir el cargo, el joven Simón Radowitzky atentó contra el jefe de la policía de la capital, el sangriento Ramón Lorenzo Falcón[24]. El *déjà-vu* fue total. Por tercera vez consecutiva su proyecto educativo se veía truncado por acciones que, paradójicamente, habían sido fraguadas por elementos del ambiente libertario. Tras el atentado, fue declarado el estado de sitio en Buenos Aires y Radowitzky fue condenado a cadena perpetua en el penal de Ushuaia. Con todo, se impuso una nueva y cruenta represión del Estado contra los

tarde abrazaría el batllismo uruguayo.

22   Carlos Balsán (Argentina, 1882 - Montevideo, 1962). Periodista ácrata, orador y actor de cuadros filodramáticos, activo en Buenos Aires en la primera década del siglo XX y desde 1910 en Montevideo.

23   José de Maturana (Buenos Aires, 1884 - Córdoba, 1917). Poeta y dramaturgo de ideología anarquista.

24   Para conocer los detalles del atentado y, en general, de la vida de Simón Radowitzky, consultar la obra de Alejandro Martí, *Del atentado a Falcón a la Guerra Civil Española* (de la Campana, 2010)

anarquistas, y como en la Semana Trágica, las Escuelas Modernas fueron uno de los principales objetivos. En esa ocasión, Rosell fue detenido y llevado a prisión. Su paso por la cárcel duró poco, apenas una semana, gracias a las eficaces gestiones de dos viejos amigos, el compositor sabadellense Rafael Genescà[25] y el lloretense Joan Ros[26], que se las ingeniaron para sacarlo de allí.

Mientras tanto, el 17 de octubre de 1909, 18.000 uruguayos salían a la calle a protestar por el asesinato de Ferrer i Guàrdia, acontecido tan solo cuatro días antes. Alentados por el discurso de Juana Buela[27], una multitud se puso en pie, al grito de "¡a la embajada!, ¡a la embajada!", y recorrió la ciudad hasta la calle 25 de Mayo con Treinta y Tres, sede de la diplomacia

25   Rafael Genescà i Ferrés (Sabadell, - ?, ?). Exiliado en Argentina, fue un reconocido compositor de sardanas. Estuvo vinculado al Centre Català de Buenos Aires.

26   Jon Ros i Gros (Lloret de Mar, 1887 - ?, ?). Formó parte de la Unión Republicana e impulsó la Escuela Horaciana en Lloret de Mar. Se exilió a Argentina tras participar en un mitin contra la guerra de Marruecos en la Plaça de la Vila. A su regreso, fue concejal del Ayuntamiento entre los años 1914 y 1917. Fue el padre de Germinal Ros.

27   Juana Rouco Buela (Madrid, 1889 - Buenos Aires, 1969). Obrera del vestido y figura central del anarcosindicalismo argentino. Fundó y dirigió además el periódico *La Nueva Senda* en Montevideo.

española en Uruguay. Allí, un escuadrón de la policía y los bomberos abrió fuego contra los manifestantes, muchos de los cuales respondieron de la misma manera. El saldo fue de doce policías heridos y dos manifestantes (Muñoz, 2009). La muerte de Ferrer i Guàrdia no dejó tampoco indiferente a Rosell. Con el exilio aún en caliente, su desaparición ponía punto y parte a una época, fecunda y frustrante a partes iguales, pero intensa en actividad política, cultural y educativa. Casi cinco décadas después de aquel otoño boreal y primavera austral, Rosell no cesó de insistir en su postura ambivalente hacia Ferrer. Dejaría escrito que:

> Quan els enemics, el jesuïtisme -l'Opus Dei d'ara- el perseguiren i bescantaren, jo, jugant-me l'Escola Integral de Sabadell, que tenia ordre de tancar per les autoritats manaires i que mai vaig obeir, vaig fer front als mítings de Terrassa, Sabadell, Barcelona, Badalona i Mataró, al costat de Tona Xiberta[28], Bo i Singla[29], Francesc Layret,

---

28 Baldomer Tona Xiberta (1864 – 1937). Abogado y político federalista del sector catalanista.
29 Ignasi Bo i Singla (El Vendrell, 1872 - Barcelona, 1923). Periodista, escritor y miembro del Partido Republicano Democrático Federal. En 1896 fue encarcelado por repartir octavillas en defensa de los anarquistas presos por el atentado de la calle dels Canvis Nous de Barcelona, ocurrido en 1896.

Isart Bula[30] i altres lliurensenyadors i republicans, per tal de lliurar a Ferrer de la Model durant l'any 1906-1907, i em cartejava sovint amb ell tot sabent que a la presó s'obrien les cartes d'una i altra banda [...] He vist per la nostra premsa i publicacions, el relleu donat al màrtir en el cinquentenari del fusellament. Els anarquistes mundials poden estar contents. Ja tenen el Sant, car per tot, més que recordar amb veritat i cabalment a l'home moral, intel·lectual i social, s'ha fet una exaltació de mite, de santuari, sense base ni fonament, i lo que és pitjor, sense haver-lo conegut, tractat i estudiat en els seus darrers quinze anys, i això ni tan sols sa filla Sol, que ha fet, segons dius, un culte de son pare. [...] L'Anarquisme té figures morals, intel·lectuals, generoses, que es mereixen cent vegades més homentages per l'estil, com Bakunin o Proudhon (Carta dirigida a Elvira i Joan Ferrer, 26.01.1960).

Cuatro meses después de la razia policial, Buenos Aires seguía siendo un lugar inseguro, así que Rosell, Esperança y Avenir decidieron trasladarse a Montevideo. En la capital de Uruguay la situación política resultó ser más favorable. Al llegar, y gracias a la

---

30   Pau Isart Bula (? - Barcelona, 1933). Abogado, escritor y publicista. Lideró la Unión Radical Revolucionaria, formada en Barcelona y vinculada al líder republicano de València, Rodrigo Soriano.

ayuda de naturistas como Vázquez Cores o el vasco José Arrechavaleta, Rosell consiguió algunos trabajos que le fue proporcionando cierta estabilidad a la familia. Tras un tiempo como redactor en el Ministerio Uruguayo de Instrucción Pública (1909-1912), Herminio Calabaza le puso en contacto con Otto Niemann, y juntos, emprendieron los proyectos de la Liga Popular para la Educación Racional de la *Infancia* (1911) y la revista Infancia (1912-1916), antecedentes directos de la Escuela Integral de Montevideo (1913), primera institución del estilo en el país. Rosell volvía a su papel de maestro, aunque esta vez, sin la compañía de Esperança.

Como ya se propuso en años atrás, el objetivo a cumplir de la escuela no era otro que "*la formación de seres aptos para vivir una existencia completa, de trabajo y responsabilidad, de libertad y saber, sin que caigan en el vicio, tontería y miseria intelectual, moral, física y artística en la que se mueve la mayoría de la juventud y de los hombres "hechos*". Y para ello, ideó una escuela a imagen y semejanza de la de Sabadell: "*El centro que voy a crear será una continuación, o el mismo mejorado y perfeccionado, del que fundé hace seis años*" (D' Ore, en Garay, 2017). Haciendo de nuevo honor a su beligerante talante, no se descuidó a la hora de criticar la postura de los llamados anarcobatllistas[31], quienes habían acercado posturas con el gobierno de José Batlle hasta el extremo de equiparar la educación laica del momento con la educación racionalista que defendía Rosell. Evidentemente, su oposición fue enérgica. Bajo el seudónimo de Laureano D'Ore, criticó a los "anarquistas oportunistas", a quienes acusaba de quedarse con el dinero para fines propios, y también a aquellos más "ortodoxos", de quienes denunciaba su doble moral.

La apuesta de Rosell y Niemann fue la de crear una escuela que quedara al margen de la influencia del Estado y, por lo tanto, que fuera auspiciada por las familias de los alumnos y los simpatizantes de su obra pedagógica. Pero tal situación nunca se llegó a dar de manera óptima. A finales de 1911, el entusiasmo inicial se convertía en pesimismo. Como advirtieron desde las páginas de la primera edición de la revista *Infancia*, había cierta apatía en la implantación de la Escuela Moderna en el Uruguay. Su plan chocó con la postura de algunos simpatizantes, quienes no compartían el

---

31 Se conoce como anarcobatllismo a la corriente de apoyo libertario a las reformas legales y laborales realizadas por José Batlle y Ordoñez durante su segunda presidencia (1911-1915).

mismo criterio sobre lo que debía ser la Escuela. Un año después, la escuela seguía sin abrir.

Cansado de la situación, Rosell acusó a los padres de no ser conscientes del gasto que implicaba sostener centros racionalistas y se cerró en banda a la hora de defender el cobro de mensualidades como base sobre la que mantener la independencia y los éxitos de la obra educativa. La respuesta no se hizo esperar: algunos lanzaron el rumor que la Escuela Integral era para ricos y que su fundador quería lucrarse con ella, otros, como Adrián Troitiño[32], sostuvieron que era necesario que la Liga "saliera de su torre de marfil" (Garay, 2017). Harto de la situación, Albano renunció en diciembre de 1912 al encargo de crear esa escuela racionalista.

Tan solo un mes después, el 15 de enero de 1913, Rosell tomó la iniciativa y abrió "por su cuenta y riesgo" las puertas de la Escuela Integral, ubicada en la calle Yatay 45, frente a la Facultad de Medicina. El comienzo fue prometedor. Según las palabras de su fundador, la escuela estaba creciendo en un sentido ver-daderamente popular. Tras varias actividades públicas, como veladas de extensión cultural, se hizo evidente

---

32 Adrián Troitiño Alcobre (Pontevedra, 1869 - Montevideo, 1941). Obrero anarquista, fundador en 1920 del Sindicato de Vendedores de Diarios y Revistas del Uruguay.

la necesidad de contar con espacios más amplios para dar cabida a todos los asistentes. Sin embargo, como era de esperar, los problemas no tardaron en aparecer. Por un lado, se alertó que el nivel cultural y educativo de los estudiantes era preocupante y sobrepasaba los límites de lo tolerable. Rosell se lamentaba al ver que las familias no colaboraban en la educación de sus hijos y que los hogares no se convertían en una extensión de la escuela como él hubiera deseado. *"Si en el hogar no se comprenden los objetivos de la escuela, la enseñanza moral se neutraliza o incluso se anula con el ejemplo contrario"*, advertía. Por otro lado, estaban las persistentes dificultades económicas. A pesar del arduo trabajo y la buena voluntad, la escuela no podía mantenerse sin recursos, y las familias no estaban en posición de afrontar ciertos gastos. Rosell y Niemann, frustrados por la falta de apoyo en la aplicación práctica de sus ideas, recurrieron peligrosamente a culpar al "pueblo" por su falta de implicación.

Sin embargo, en esta ocasión, la comisión encargada de respaldar la escuela, la Liga Popular para la Educación Racional de la Infancia, no dudó en señalar a Rosell como responsable del fracaso del proyecto educativo. La actitud combativa, la falta de autocrítica y el egocentrismo eran rasgos que habían acompañado a

Rosell desde su etapa en Sabadell, pero en esta ocasión alcanzaron niveles insostenibles. Además, la confrontación con el sector anarcobatllista, que consideraba la educación laica proporcionada por el Estado como una educación "racionalista", no contribuyó en nada a la causa. Las medidas implementadas por Batlle y Ordóñez lograron dotar a la educación pública de un sólido capital simbólico de integración y movilidad social, lo cual inevitablemente atrajo a las clases populares[33]. Ante esta situación, Rosell persistió en culpar a terceros de sus problemas, tal como había hecho previamente con Palasí, luego con Ferrer i Guardia, y ahora con Troitiño[34]. Sin embargo, esta vez no logró el respaldo de sus seguidores y la Escuela Integral cerró a

---

33 Para conocer más a fondo los hechos y debates que rodearon a la Escuela Integral y la Liga Popular para la Educación Racional de la Infancia, ver: Garay (2017).

34 Adrián Troitiño (Silleda, 1869 - Montevideo, 1941). Emigrado gallego, formó parte de la Sociedad de Resistencia de Obreros Panaderos de Montevideo, del Sindicato de Oficios Varios de Villa del Cerro y del Sindicato de Vendedores de Diarios (Sindicato de canillitas), del que fue impulsor. Rosell no descansó en señalar a Troitiño y la Juventud Libertaria como elementos que entorpecieron la marcha del proyecto educativo y su órgano cultural: "*Infancia* no es leída por nuestro elemento obrero merced al descrédito sembrado por los vocingleros a todo lo que haga la Liga y La Escuela". (Infancia, 30 (9), 1914).

mediados de 1914, sin apenas alumnos: "dicha escuela pertenecía por entero a su director y no a la Liga; ésta, lo único que ha hecho es cooperar a su sostenimiento [...]" (*Infancia*, 30 (9), 1914).

De vuelta a Iberia

Desahuciado de su proyecto educativo, no pasó mucho tiempo hasta que apareció la posibilidad de regresar a España. El doctor Enrique Jaramillo[35], decano de la medicina naturalista en España, le pidió hacerse cargo de un sanatorio y de una revista naturalista en Madrid. Jaramillo era también un destacado masón de la Logia Ibérica y fue precisamente en esos círculos donde se conocieron. Rosell se había iniciado por primera vez en la masonería en Uruguay. En 1913[36] y por medio del

---

35   Enrique Jaramillo y Guillén (Guarromán, 1860-1926). Fundador del Instituto de Medicina Naturalista. Perteneció a la Logia Fuerza Numantina nº 355, activa entre 1913 y 1922.

36   El vínculo de Rosell con la Logia Fénix durará hasta entrada la década de los 30. Aunque él mismo afirmó que era una relación para "pasar el rato", en 1927 fue invitado a dar una conferencia que tituló *La protección masónica*. El vínculo se rompe definitivamente con la entrada en la Logia de Gabriel Terra, futuro dictador de Uruguay.

senador y amigo Manuel B. Otero[37], fue propuesto en la Logia Capitular Fénix del Gran Oriente. Unas semanas después se confirmó su entrada gracias a las gestiones del general Telémaco Braida[38] (1855-1938) y Pablo Fontaina[39], por entonces presidente del Club Español de Uruguay. Ya en Madrid, el 24 de junio de 1916, accede a la Logia Ibérica nº7 por medio de Jaramillo.

Tras cinco años en el país oriental, Albano, Esperanza y Avenir, hacían las maletas y se subían de nuevo en un buque para cruzar el Atlántico. Pero en Madrid[40] más de lo mismo, ni sanatorio ni revista. A pesar de haber soportado ya el peso de varios proyectos fallidos, aquello fue, según sus palabras, *"la caída más*

---

37 Manuel Buenaventura Otero (Montevideo, 1857 - Montevideo, 1933). Abogado y senador uruguayo.

38 Su nieto fue ejecutado por miembros del Movimiento de Liberación Nacional-Tupamaros (MLN-T) en 1972.

39 Pablo Fontaina (1865-1937). Contable (contador), director de la Facultad de Comercio hasta 1933 y presidente del Club Español.

40 En Madrid, Rosell residió en la calle Hernán Cortés, 7, en el barrio de Chueca. Esperança y Avenir no llegaron a ir con él y se quedaron en casa de Esteve Guarro y Pilar López, en Sant Feliu. Fuente: Arxiu Comarcal del Baix Llobregat. Fondo Llorenç Sans. Copia de una carta escrita por Avenir Rosell y dirigida a Pere Solà el 22 de febrero de 1981.

fuerte de nuestra vida". Después de este nuevo fiasco, pensó en reconstruir la Escuela Integral de Sabadell, pero antes de que se decidiera recibió una invitación de Joan Ros para hacerse cargo de la Escuela de Lloret de Mar[41], abierta de nuevo como Escuela Instructiva después de haber sido clausurada en 1909. Aceptó.

Bajo su batuta, la Escuela Lloret tomó un nuevo impulso; se empezó a escribir en catalán, se crearon varios grupos de teatro y se abrió el aula al medio

41   Los métodos pedagógicos de la Escuela Moderna llegaron a Lloret de Mar en 1907, gracias a la iniciativa de los lloretenses Joan Moner, Salvador Austrich, Climent Reixach, Joan Reyné y Joan Ros, presidente de la Comisión Organizadora y del Centro de Unión Republicana de Lloret. Lo hizo como Escuela Horaciana, es decir, según la rama educativa del sabadellense Pau Vila. El encargado de hacer funcionar la escuela –situada en la calle de la Vila– fue un viejo conocido de Rosell, el también sabadellense Esteve Guarro y Elies, que, si bien todavía no tenía el título de maestro, era hombre de confianza de Ferrer y Guardia. La presencia de la Horaciana en Lloret fue breve. La represión indiscriminada del Estado contra las organizaciones de trabajadores durante la Semana Trágica (1909) desencadenó su clausura, y Guarro no tuvo más remedio que dejar la población para trasladarse en Sant Feliu del Llobregat, donde acabó dirigiendo el Ateneo Libre. La amnistía política decretada en España en 1911, permitió a Joan Ros dejar Argentina y volver a Lloret. Dos años después, los mismos que organizaron la Escuela Horaciana, inauguraron la Escuela Instructiva, ahora bajo la dirección del maestro sevillano Francisco Campos Prieto (discípulo de Fermín Salvochea).

abierto. Su hijo Avenir, de ocho años, formó también parte del grupo de alumnos. A pesar de que la estancia de los Rosell en Lloret acabó siendo de solo nueve meses, los vínculos que se crearon entre unos y otros fueron muy intensos[42]. Su sustituto fue el profesor Esteve Gimbernat junto con su compañera Teresa Carafí. La Escuela siguió la tarea hecha por Rosell e incluso llegaron a editar una revista, *Infancia*.

Tras la breve pero intensa experiencia lloretense, los Rosell pusieron rumbo a Alaior, Menorca. Allí les esperaba la Escuela Libre, inaugurada en 1906[43] y dirigida por el maestro Joan Duran. Su estancia fue positiva -llegó a ser propuesto alcalde por consenso de todas las fuerzas políticas, honor que rechazó[44]-, pero también corta, apenas unos meses entre finales de 1917 y mediados de 1918. El motivo fue la oferta que le hizo Juan García Giner, director de *Helios*, quien le propuso hacerse cargo de la revista y de un Instituto naturalista que se proyectaba abrir en Carlet (Valencia). Una propuesta muy similar a la del doctor Jaramillo que acabó

---

42 Un ejemplo de ello es la amistad entre Avenir Rosell y Germinal Ros -hijo de Joan Ros-, que perduró hasta el fallecimiento del primero, en los años 80.

43 Funcionó, con algunas interrupciones, entre 1906 y 1939.

44 D'Ore, L. (1954). "Por la emancipación de la infancia". *Analectos, 8-9-10*. p. 123.

teniendo la misma suerte. Perseguidos por la frustración y el desencuentro, Rosell y Esperanza volvieron a experimentar aquella pesada sensación de engaño y fracaso. Aun así, una vez en Carlet, Rosell fue requerido para hacerse cargo de la dirección de la Escuela Nueva, patrocinada por el Centro de Educación Popular y subvencionada por el Centro republicano y el Sindicato Único. Este proyecto inesperado les permitió asentarse un tiempo. Compaginó la docencia con la publicación de textos en la revista *El Naturista*, uno de los medios portavoces del movimiento naturista[45].

Fue en Carlet donde consolidó su perfil más naturista, llegando a sentar las bases de su propuesta "integral" a través de su utópica *Una visita a Macrobia* (1921), reimpresa en 1928 bajo el título de *En el país de Macrobia. Narración naturológica.* Ambientada en el Amazonas brasileño, la novela -la primera novela formal escrita por Rosell[46]- versa sobre una sociedad

---

45 Augusto Nouvellon llegó a afirmar que "*El Naturista es la única publicación española que converge filosóficamente con Le Néo-Naturien, es decir que es combativo, educativo, ecléctico y libertario*". (Roselló, 2008).

46 Resultan cuanto menos inesperadas las palabras de Nora Rosell respecto a las publicaciones de su abuelo Albano: "*No creo que mi abuelo haya vendido nunca un libro. Me acuerdo que escribía a máquina con papel que traía de Primaria, porque eco-*

"al margen de la civilización" y en profunda relación con la naturaleza, aunque desarrollada científica y culturalmente (García, 2021; Petra, 2005, 2004). Los narradores son dos viajeros europeos, Germina Alba (alter ego de Rosell) y Silex (pintor que recorre el continente en busca de inspiración para sus obras), los cuales "descubren" Macrobia, una colonia de también europeos llegados a tierras amazónicas en el año 1169. La novela contrapone la ciudad industrial a un modelo ecológico, organicista, regionalista y antimetropolitano, heredero de la geografía y el urbanismo de John Ruskin, Hebenezer Howard o Patrick Geddes. En sus páginas se trasluce además la influencia del eugenismo, el naturismo, la reforma sexual, el "teatro de ideas", la literatura social y los escritores realistas, naturalistas, románticos e incluso modernistas (Petra, 2005). Macrobia es también una sociedad vegetariana, que funciona a través de una economía agrícola de subsistencia basada en el trabajo libre, voluntario y racional. Desde allí, se permite una crítica antiurbana bastante cómoda: "*Vuestras ciudades, vuestras grandes villas de placer y de esplendor, vistas desde aquí, contempladas por*

---

nómicamente no le daba, y él mismo se armaba el librito con un punzón, agujereaba las hojitas y tejía con el hilito para que quedara el libro." (Entrevista a Nora Rosell, 3.8.2017).

un macrobiata, son inmensos manicomios, son grandes osarios de vivientes, son antros de suplicio y de pudrición, que no podemos recordar sin dolor" (Rosell, 1928).

Pero Macrobia no fue su única aportación al naturismo. Las ponencias que preparó para el frustrado Congreso Internacional Naturalista de 1918 en Lisboa, así como otros encargos que fue recibiendo de revistas, acabaron siendo publicadas en tres breves obras: *El naturismo integral y el hombre libre* (1918), *Bosquejo sobre filosofía naturista. Aspecto médico-social de la dignidad humana* (1921) y *Naturismo en acción* (1921). Todas ellas desarrollaban una crítica al naturismo terapéutico y comercial, que, según Rosell, había dejado de lado los aspectos sociológicos de la salud para centrarse única y exclusivamente en la cura de enfermedades. Para este, el naturismo debía atender y resolver los problemas causados por las condiciones de vida y explotación de los pacientes, es decir, debía ser la unión de medicina y sociología, ya que, en última instancia la causa de toda enfermedad se hallaba en la injusticia del orden social. Como defendía Henry Zizly[47] y algunos anarco-individualistas naturistas, la ruptura de la sociedad

---

47   Henry Zisly (París, 1872 - París, 1945). Destacado anarquista individualista y naturista. Dio cuenta de sus ideas en revistas como *La Nouvelle Humanité* y *La Vie Naturelle*.

con la naturaleza y el desarrollo tecnológico no habían hecho sino alejarnos de la Madre Tierra (sic) y sus cualidades bienhechoras para con la especie (Rosell, en Stavisky, 2020). Su naturismo era, antes que nada, un modo de imaginar una existencia alternativa a la actual, un proyecto de transformación de la vida que debía comenzar en la infancia y desarrollarse en armonía con la naturaleza.

Más allá de la palabra escrita, durante esos años, Rosell, Ladislao Novergès y otros colegas valencianos, intentaron poner en marcha una colonia anarco-naturista cerca de Villa Romeu, en la ribera del río Ripoll de Sabadell. Pero poco más se sabe de su estancia en Carlet.

Tras cuatro años en Carlet, a finales de 1922 aceptaron regresar a Terrassa para dirigir la Escola Lliure de la ciudad. El plan, como era de esperar, tampoco salió bien, pero esta vez las consecuencias fueron más contundentes:

> El 15 d'agost de 1922, vaig donar una conferència organitzada pel Grup Naturista de Manresa al Centre de Dependents del Comerç i de la Indústria, la qual versà sobre el tema "El Valor Home en la Terra". En acabar, en tant ens passejàvem per la Rambla esperant el tren que havia de dur-nos a Terrassa on dirigia l'Escola Lliure de la Casa del Poble, uns amics ens digueren que no

sortíssim aquell vespre, que esperéssim al matí següent obligant-nos a fer nit a Manresa. Per què? Era l'època dels "pistolers" policíac de Barcelona, que netejaven de rebels els medis socials amb el recolzament oficial. Havien notat la presència d'uns "fatxes" d'aquells tèrbols que podien donar-nos un disgust. Obeírem. Farem nit a Manresa i al matí sortirem amb compte per anar a Terrassa però passarem un parell de dues a Olesa a casa d'uns parents nostres. El dijous següent es produí a Manresa l'atemptat dels pistolers contra el sindicalista Pestaña, lo que demostrà que no anaren errats els amics. S'acabà de confirmar la cosa a Terrassa, on el 6 de novembre donàrem un altre conferència, i en sortir de nit, vam veure que ens acompanyaven uns amics cap a retiro, portant alguns d'ells el "gosset" amartellat en tant que uns cinquanta passos per davant i per darrere de nosaltres, unes parelles d'amics amb el mateix instrument a punt, ens guardaven d'aquells tèrbols individus pagats oficialment pel crim. Ens cridaren al quarter de la Guàrdia Civil i no ens agradà. No tardàrem a tornar-nos cap a Amèrica.

El segundo exilio

El segundo exilio a Uruguay fue el definitivo. A su regreso, en octubre de 1922, Rosell se incorporó como archivero en los diarios *La Mañana* y *El Diario*, que, paradójicamente, eran de ideología conservadora y anti-obrera. Su despacho quedaría cerca de las obras del Palacio Salvo, el nuevo icono urbano de Montevideo. Tras un tiempo rodeado de periodistas "enemigos", consiguió los contactos necesarios para dejar aquello y entrar como administrativo en el Consejo Nacional de Enseñanza, donde permaneció 30 años, hasta su jubilación, en 1955.

Los años veinte fueron intensos para el anarquismo uruguayo. La FORU se rompía en dos y se organizaba la Unión Sindical Uruguaya (U.S.U.), central anarcosindicalista que agrupó a los sindicatos anarquistas pro-rusos y a los vinculados al recientemente creado Partido Comunista. Fueron también los años del llamado anarquismo de acción (O'Neill, 201): atentados, expropiaciones, asaltos y fugas varias, pusieron al Estado en situación de alarma durante al menos una década. Acciones como el asalto al Cambio Messina o la fuga de El Buen Trato, forman parte aún hoy del imaginario colectivo de la sociedad uruguaya.

Pero a Rosell todo aquello le agarró en otra. Para entonces toda su atención estaba puesta en la situación de Cataluña y España bajo la dictadura de Primo de Rivera. La connivencia de la burguesía catalana en la represión del obrerismo, le hizo entrar en relación con los medios del separatismo catalán en el exilio americano[48]. Participó como vocal en el Casal Català de Montevideo, una entidad poco sospechosa de ser anarquista, e hizo algunas colaboraciones en los periódicos bonaerenses *Nación Catalana*, dirigido por Joan Comorera -futuro diligente de la USO y del PSUC-, y *Ressorgiment*, del sastre Hipòlit Nadal i Mallol. Bajo la influencia de los movimientos en Argentina, en 1927 nació *Renaixença*, la revista del Centre Català de Montevideo, primer órgano de difusión del catalanismo político en Uruguay.

Desde el primer momento, Rosell dejó clara su negativa a reconocerse dentro del catalanismo nacionalista de tintes folklóricos con el que vinculaba a Estat Català y Francesc Macià. En ese sentido fue crítico con el papel, según él, ausente de la juventud catalana durante los años de la dictadura, que achacaba en parte a la influencia del catalanismo fanático religioso de la burguesía local. Acusaba al catalanismo autonomista de ser un enemigo de la clase trabajadora catalana por

---

48   Durante aquellos años de dictadura en España, los catalanes residentes en distintas repúblicas sudamericanas constituyeron el mayor soporte económico para la acción directa del separatismo catalán.

recurrir siempre al poder central español para controlar a las masas obreras y ponerse al lado de sus organizaciones financieras, políticas y religiosas. La retahíla de elementos que, según Rosell, habían ido anulando culturalmente al pueblo catalán, iba desde los Jocs Florals hasta publicaciones literarias como *Patufet* o *Papitu*[49], pasando por las Lligues del Bon Mot[50], las Moixigangues[51], els Lluïsos o els Pomells de Joventut[52]. De estos últimos dijo que eran "jóvenes amasados con hipocresía, ignorancia y perversión, que lo mismo se

---

49 Publicación humorística y satírica fundada en 1908 por el dibujante Feliu Elias "Apa". Inicialmente de izquierdas, tuvo diversas líneas editoriales hasta 1937, cuando cesó la actividad.

50 También conocida como la "Lliga espiritual contra el mal parlar (Liga espiritual contra el mal hablar)", fue una organización religiosa fundada en 1908 por Eudald Serra i Buixó y adscrita a Fomento de la Piedad Catalana. El objetivo de la Lliga era extirpar la blasfemia y el lenguaje inmoral. Tuvo cierta influencia en Cataluña y Baleares.

51 Danza tradicional con torres humanas vinculada históricamente a los *castells* y populares en Cataluña, Aragón y País Valenciano. A pesar de su origen pagano, fueron apropiadas por la Iglesia y fue esta la que le dio su posterior sentido religioso.

52 Pomells de Joventut de Catalunya fue una organización cristiana y patriótica juvenil fundada en 1920 por Josep Maria Folch i Torres. Llegó a tener 4.000 miembros y organizó multitud de actos para reivindicar la pureza de la lengua y la moral cristiana. Fue clausurada por Primo de Rivera en 1923.

presentan en procesiones para conformar a mamá, que se masturban en la sacristía o se evidencian cual son en el cabaret, en el music-hall o en el dancing" (Masjuan, 2022).

La visita de Macià a Montevideo en 1927 -a penas un año después del fracaso de Prats de Molló- fue determinante para que un pequeño grupo de catalanes fundara en 1928 el *Grup Separatista Avant*; Daniel Cardona[53], Adolf Gamundi Roig[54], Josep Abril Llinés, Joan B. Alemany i Borràs, Manel Massó Llorenç, Joan B. Garcia, Joan Camps, Obradors Garcia, Obradors Soler, Rosell y su hijo Avenir, fueron sus principales activos. Ese mismo año y hasta 1930, formaron el consejo editor de *Nova Catalunya. Periódico de acción del separatismo catalán en Sudamérica*, su órgano de propaganda. Fue ahí también cuando Rosell rompió definitivamente con el Casal Català de Montevideo y sus círculos[55]. El grupo *Avant* se presentó como netamente independentista y

---

53   Fue uno de los procesados por los hechos del Garraf.
54   Empresario de origen catalán, dedicado a la fabricación de corbatas y afincado en Montevideo. En 1917/1918 dirigió el diario *Foc-nou*, promovido por la Agrupació de Propaganda Catalana y vinculado al Centre Català de Montevideo. En 1920 es designado delegado del Comité de Acción Catalana en Montevideo.
55   Aun así, en la década de los 50 retomó cierta relación con el Casal.

proclamó la vía revolucionaria y la insurrección armada como acción legítima para conseguir sus objetivos. De algún modo, tomaban el ejemplo de la resistencia armada en Irlanda, y, a partir de esta, hacían una defensa de la acción directa mediante atentados contra individuos concretos, alzamientos revolucionarios entre la población y propaganda contra el gobierno español. La implantación del comunismo libertario que promulgaban era compartida también por los núcleos de Juan García Oliver en París o Francisco Pizana en Beziers. Dentro de *Avant*, todos consideraban inaceptable la imposición de un nuevo Estado para Cataluña, y esta postura les diferenció siempre de la que reinaba en los Centros catalanes de Buenos Aires, Santiago de Chile y de La Habana; fueron la corriente de opinión disidente del catalanismo político hegemónico en América[56]. Como en sus mejores tiempos de educador, acabó peleado con muchos, aunque sobre todo con Hipòlit Nadal i Mallol, quien llegó a afirmar que Rosell había quedado solo y sin amistades en Montevideo.

Con la caída de Primo de Rivera y el advenimiento de la Segunda República, dejó a un lado las

---

56 La única organización afín, aunque en su periodo final, fue el Comité de Publicidad Catalana de Chile, liderado por Josep Abril Llinés, fallecido en 1929.

tesis separatistas para converger con la idea de una república federal. Recordemos que él nunca dejó de defender los fundamentos del municipio libre y la libre federación postulada, entre otros, por Elisée Reclus. Por lo tanto, su defensa del federalismo no lo es por la vía republicana -aunque ahora es el escenario en juego- sino por la de una unión libre de los pueblos ibéricos. Cabe recordar que Rosell provenía de una familia de Sabadell republicana federal e internacionalista, y desde joven que había leído las obras de Pi Margall y Joaquim Costa. Para él, la futura Cataluña libre se debía constituir naturalmente y estar basada en el federalismo reclusiano y el iberismo. Debía oponerse al catalanismo filofascista de Esquerra Republicana de Catalunya y a los traidores de los hechos de octubre. Todas estas ideas fueron tomando forma escrita en su editorial *Analectos*, creada en 1937 para "la ayuda material y cultural y dirigida a todo el pueblo ibérico sin distinción, en su gesta obrera revolucionaria y de resistencia al fascismo" (Masjuan, 2022). Fue en ésta donde publicó *Iberia en la estacada*, una obra que tomaría como base los acontecimientos previos a la Guerra Civil española y que serviría para reafirmar su propuesta federalista y su catalanismo de clase antichovinista.

El desastre en España fue la estaca con la que puso fin, por primera vez, a su revista *Analectos*. Ya fuera de ella, publicó *El poder de la educación* (1940) y algún que otro texto sobre educación. A partir de ahí, se abrió un periodo de silencio.

Arengas de la vieja guardia

La Guerra Fría entre Estados Unidos y la Unión Soviética estaba a punto de desatarse cuando Rosell volvió a la actividad. Atrás había quedado su labor educativa y su compromiso con el federalismo. Era tiempo de asimilar la derrota y reflexionar sobre lo que quedaba del anarquismo integral. Las nuevas generaciones tenían una perspectiva diferente en cuanto a los métodos revolucionarios y la organización cultural del anarquismo, lo cual frustraba a un Rosell aferrado a su coherencia interna. Gracias a los artículos publicados en la prensa anarquista y a la correspondencia que mantuvo con Hermós Plaja y que ha sido conservada en la Biblioteca Pública Arús de Barcelona, hemos podido conocer algunas de las preocupaciones que mantienen a Rosell activo en el ámbito de las ideas.

En este contexto de creciente polarización y confrontación internacional, Rosell se enfrentaba a un panorama en el que las dinámicas políticas y sociales habían cambiado drásticamente. La Guerra Fría y la amenaza nuclear imponían una nueva lógica de confrontación global, alejada de las aspiraciones de justicia y libertad que habían inspirado al anarquismo en décadas anteriores. A pesar de ello, Rosell seguía manteniendo vivas sus inquietudes y su compromiso intelectual. Su dedicación a las ideas anarquistas lo impulsaban a reflexionar sobre los desafíos y las posibilidades que se presentaban en aquel momento histórico.

La primera carta de Rosell a Plaja data de octubre de 1946. En ella le agradecía el envío de un libro de Anselmo Lorenzo al tiempo que recordaba con gran afecto el trato que había tenido con él en otros tiempos[57]. La vigencia de las ideas de Lorenzo contrastaba con el pesimismo que Rosell mostraba con el presente:

"[...] tengo en el cajón del escritorio esperando oportunidad, que veo difícil se presente en tanto las masas e incluso la camaradería de hoy, se dejan llevar por la corriente bestia que todo lo absorbe y que el Capita-

---

57 "*Cuando a los 18 años conocí y traté a Lorenzo, ya con sus barbas blancas y sus achaques, sentí siempre un gran respeto por él, y si bien a veces estaba en desacuerdo con su pensar, jamás se me ocurrió montármele a las barbas ni faltarle el respeto*" (Carta de Rosell al periódico *Cultura*, 03.05.1951).

lismo fomenta con un éxito que pone en duda nuestra influencia sobre el buen sentido colectivo, el proletario y las clases medias explotadas y dominadas por las pasiones tontas..."[58].

Ese malestar por el rumbo que tomaban las cosas era compartido por Hermós. En enero de 1948, este le confiesa a Rosell que:

Los "nuevos" ignoran a los de antes si no marcan el paso a su gusto, no importa que en nuestro haber haya más de medio siglo de actuación firme, limpia y consciente, pues hoy se vive al día de la fanfarria, el barullo y la egolatría que surge al paso, como se demostró en la lamentable actuación de La Casa de los Libertarios, que pudo ser el Centro aglutinante y que no fue más que el pedestal para lucimiento de audaces y retóricos con ínfulas de capacitados, válidos de su hablar "bien". ¡Y pensar en lo que se hiciera a comienzos de siglo en el

58   Critica a la juventud anarquista por entender que sólo las *"manos callosas, overoles manchados y alpargatas rotas son lo que puede dar patente de anarquista al sujeto, sin tener en cuenta que nuestro Ideal no es solo de proletariado, sino que es de organización social y que lo mismo sufren o pueden sentir las injusticias del medio y de la sociedad, los afortunados descontentos y los explotados por el capitalismo desorbitado y feroz"* (Carta de Rosell al periódico *Cultura*, 03.05.1951).

Centro Internacional, y en lo que podría hacerse dada la tolerancia política y la brillante economía de este país!

La década de los 50 se inició con una huelga general indefinida contra el gobierno batllista, siguió con la muerte de Eva Perón en Argentina y finalizó con la victoria de la revolución cubana -que generó una considerable aceptación entre las juventudes libertarias- y el nacimiento de ETA en España. En la interna libertaria, se estaba dando un quiebre generacional entre los jóvenes que se habían formado en España y que habían participado en la Guerra Civil, y los jóvenes que eran enteramente, o casi, producto del exilio (Gurucharri y Ibáñez, 2010). Rosell, siendo parte de una generación anterior -la del proceso de Monjuïch o la fundación de la CNT- no aceptaba el giro que según él estaba tomando el movimiento libertario ibérico y se llegó a mostrar muy crítico con su orientación ideológica. Su apego y lealtad hacia los de su generación fue inquebrantable. Sus palabras, sin embargo, eran las de alguien que vivía ya muy alejado de todo aquello. La mayor parte del exilio anarquista se encontraba en Francia y era ahí donde tenía lugar su actividad política, intelectual y cultural. Las Juventudes Libertarias, la CNT y la FAI estaban en pleno proceso de rearme ideológico y lo estaban haciendo en un contexto bastante diferente al de décadas atrás. Todo ello culminó al inicio de los sesenta con un replanteamiento de la estrategia que pretendía superar la fase de resistencia armada del maquis y crear un nuevo organismo de lucha global (Gurucharri y Ibáñez, 2010). Dos hechos dieron cuenta de esa renovación: el primero, cuando en 1957 cae Facerías y ningún medio anarquista lo reivindica como militante propio; el segundo, cuando en 1958 Germinal Esgleas es sustituido como secretario general de la CNT por Roque Santamaría.

Buena parte de las posturas de Rosell pueden leerse en sus artículos que publicó en *Cultura Proletaria*, el que fuera órgano de prensa de la Federación de Grupos Anarquistas de Lengua Castellana de los Estados Unidos. Fundado en 1927, *Cultura Proletaria* recogía el testigo de *Cultura Obrera*, dirigido por el barcelonés Pere Esteve, "la figura libertaria española de más relieve que actuó en el país" (Martín et al., 1970: 68). De su paso por el periódico se le conocen cuatro textos firmados con el pseudónimo de Victoria Zeda -todos ellos incluidos en el presente volumen-. Con ese mismo nombre publicó entre 1949 y 1957 una serie de artículos en la edición mexicana de *Tierra y Libertad*, impulsada, pocos años antes, por Hermilo Alonso, Domingo Rojas y Marcos Alcón, y dirigida primero por el murciano Benjamín Cano y después por Francisco "Floreal" Ocaña, fundador de las Juventudes Libertarias Mexicanas.

Al tiempo que Uruguay celebraba su *maracanazo*, Rosell terminaba de escribir también *Minúcies sabadellenques*, una obra nostálgica y con cierto aire costumbrista que le sirvió para ajustar cuentas con algunos personajes de aquel crudo Sabadell de finales de siglo. A sus 70 años hizo renacer también, por tercera vez, la *Revista Analectos*, aunque como en ocasiones anteriores, solo contenía artículos firmados por él. Ya poco parecía importarle el mundo de ahí fuera. Rosell vivió estos años ensimismado, huraño y gruñón. En una carta fechada el 15 de octubre de 1956, le reiteraba a Plaja su entero pesimismo con el devenir de la lucha anarquista:

"El moviment nostre mundial, està totalment fora de lloc i desplaçat si el comparem amb la influència, o quan menys, respecte amb que se'l tenia abans, cosa que ho comprovem dia a dia si volem esser francs i no enganyar-nos amb falses visions [...] Els nostres no són capaços de sentir-ho amb l'esperit que ho sentíem nosaltres quan érem joves".

Unos años después, Plaja le haría llegar una misiva en los mismos términos. El diálogo entre ambos era fluido, constante y coincidente:

"Como podrás seguir viendo, nuestro cotarro lleva una vida vegetativa que a algunos les interesa no interrumpir. No recuerdo haber vivido ninguna época tan dilatoria, tan incierta y confusa como la presente. Nuestra militancia ha terminado en su "dolce far niente", en este México dorado, por dar por liquidado el ayer venturoso y digno. La historia dejará en blanco muchas páginas que corresponderán a la nula actividad de estas gentes que tanto gusto le han tomado al no hacer nada y a la vida holgada del burgués que ayer criticaron" (Carta de Plaja a Albano, 15. 1.1959).

Su jubilación en 1955 fue el inicio definitivo de su etapa final. Consciente de haber caído en el olvido de las nuevas generaciones, decidió empezar su larga despedida organizando un viaje a España con toda la familia. Fue como regresar allí donde empezó todo. Decidido, se deshizo de la casa familiar, y con ese dinero y el del retiro, compró los pasajes y todo lo necesario para una estancia que duraría un mes. Encaraba la vejez igual que lo había hecho hasta entonces, desprendido de todo lo material, austero y vital.

"Fa temps que l'Avenir ens empeny per fer-lo i fins ens deixava els cabals, pero hem preferit vendre'ns els patrimoni que tenim guanyat a força de treballs i lluites que no pas aceptar deixes".

A Plaja le anticipó que iría con una acreditación de periodista y que en sus planes estaba ir a visitar a Felipe Alaiz de Pablo[59], José Peirats, Alberto Carsí[60], Federica Montseny, Ferrer, Henri Zisly y Justin Aristide Lapeyre[61]. Se planteaba incluso ir a Italia a visitar a Ugo Fedeli y a Pau Casals en Francia:

"Aniré a veure en Pau Casals, i a Madrid els fills de Ghiraldo i de Noel, amb els que el meu fill està en relació, i ells volen coneixem com amic que sigué dels seus pares".

El viaje se retrasó un día por la niebla que había en Montevideo. Durante la espera, Rosell y los suyos

59   Felipe Alaiz (Belver de Cinca, 1887 – París, 1959). Escritor y periodista anarquista aragonés, militante de la CNT.
60   Alberto Carsí (Valencia, 1876 – Perpinyà, 1960). Geólogo anarcosindicalista, fue notoria su defensa del acceso gratuito al agua para toda la población.
61   Justin Aristide Lapeyre (Monguilhem, 1899 - Bordeaux, 1974). Militante anarcosindicalista vinculado al neo-maltusianismo. Al final de su vida, fue condenado a cinco años de prisión por practicar abortos clandestinos. Participó en la reconstrucción del movimiento libertario después de la Segunda Guerra Mundial.

escucharon en los transistores del puerto el rumor de una guerra en Vietnam. El buque salió al día siguiente en dirección a Santos, para hacer la primera escala. De ahí viajaron a Río de Janeiro, desde donde pusieron rumbo a Dakar. De la capital senegalesa cruzaron a Marsella para seguir ya su viaje por tierra hacia Génova, Nápoles y Sicilia. Días después pasaron por Suiza y París, y de ahí a España. Estuvieron en Granada, en Toledo y luego en Madrid. Finalmente, hicieron varias visitas a Sabadell, Lloret de Mar y Carlet[62].

Al regresar, comunicó a Plaja su determinación de mudarse nuevamente, pues había vendido la propiedad, los libros y los muebles. A esta decisión le seguiría otra aún más significativa si cabe: ya no publicaría más obras a su nombre. La respuesta de Plaja no pareció ser acogedora, según se evidenció en la misiva que recibió de Albano semanas después.

"Per què notes un pessimisme en mi? Jo crec estar en el mateix lloc on he estat sempre. Disgustat, amargat, pot ser, per la desorientació nostra i dels que diuen pensar com nosaltres en llurs escrits, més no en els fets. Però si això ho vinc observant i dient i lamentant de fa ja més de cinquanta anys! [...] Sí, pot ser que tinguis raó en creure que fèrem mal negoci en vendre la caseta, però pensa que

62 Entrevista a Nora Rosell.

Avenir no necessita de nosaltres i que quan un es mor, tot són complicacions i el fisc es queda amb la meitat de la finca. Així doncs, val més que la disfrutarem amb un passeig no pas desagradable, car tinguérem satisfaccions de parentela i antics deixebles, que bé valen la pena de fer un va-i-tot. No ens en arrepentim pas, creu-ho!".

A pesar de la amenaza de abandonar la escritura, durante el período comprendido entre 1957 y 1959, logró publicar varios artículos en la revista *Cenit*, dirigida por Federica Montseny desde Toulouse, junto a Ramón Liarte, quien en ese momento ocupaba el cargo de secretario general de la CNT. Además, sus escritos también aparecieron en *CNT, el Órgano Oficial del Comité Nacional del Movimiento Libertario Español* (CNT en el exilio), y en *Solidaridad Obrera*, su sucesor.

No obstante, la publicación de su último texto tuvo lugar en 1961, momento en el que Rosell decidió abandonar definitivamente la escritura.

"També jo vaig deixant d'escriure res car em dono compte que estic fora de foco i no val la pena de voler fer entrar el clau per la cabota. Ens hem de convèncer que les coses han canviat en tot i per tot, inclòs entre els que es diuen dels nostres, que també solen deixar-se arrossegar per la corrent viciosa i esclavitzant que avui ho domina tot. Ens hem de convèncer que hem perdut el temps i que els quatre romàntics que creguérem fer quelcom publicant coses que ara no es llegeixen, som burlats o tinguts per tontos." (Carta de Albano a Plaja, 20.11.1961).

De ese mismo año son también las últimas palabras escritas que se conservan de él. Se las dirige, cómo no, a su amigo Plaja y certifican, ahora sí, su repliegue definitivo:

"No sé si vaig dir-te que fa poc vaig vendre'm tot el paperam editat que importava; uns tres mil dollars, com a paperots per fer-ne pasta altre cop, traient-me mitja dotzena de dollars. [...] No vull fer-me més mala sang i m'he convertit en un observador mansoi".

Transcurrieron más de dos años antes de que Plaja recibiera noticias de Montevideo, y estas llegaron a través de Avenir. Albano había experimentado un deterioro en su salud y había dejado de escribir, limitándose únicamente a revisar algunas lecturas del pasado. El resto de su tiempo lo dedicaba a cuidar de su huerto en su residencia en Colón, así como de su aguaribay en la casa familiar en Cuchilla Alta.

Dos meses después, el día 5 de julio, Avenir comunicaba a Plaja por carta la muerte de Albano.

"El meu pare traspassà el 28 de maig passat. Els dos últims mesos se'ls passà allitat, i per bé que la declinació progressiva i irrecuperable anava fent el seu fet, els patiments s'alleujaren al màxim, això segons entesos en la matèria. L'àvia es va captenir en el tràngol, i avui s'aconhorta amb bastant de tremp".

Rosell abandonaba, de manera definitiva, aquel mundo ya tan ajeno. Lejos, muy lejos, quedaba aquel Sabadell de su infancia, la aventura pedagógica de la escuela integral, el catalanismo insurgente o la euforia libertaria del Montevideo de principios de siglo. Al día siguiente de su muerte, Manuel Marulanda fundaba las FARC en Colombia, y días después, un militante socialista llamado Sendic, dirigía el asalto al Banco de Cobranzas; estaba naciendo el Movimiento de Liberación Nacional Tupamaros. El teatro obrero tampoco se parecía en nada a las corrientes culturales del momento, con Jimi Hendrix debutando en Nueva York y Simon & Garfunkel publicando The Sounds of Silence, uno de los hitos de la historia del pop. El mundo era otro, y su imagen se parecía mucho a todo aquello contra lo que Rosell había luchado durante décadas.

Mientras la misiva que anunciaba su traspaso recorría el continente americano en dirección a México, otra hacía el camino inverso. Albano ya no la pudo leer, pero las palabras de Plaja plasmaron un sentir con el que hubiese estado muy de acuerdo; bien podría haber sido el epílogo a todos esos años.

> No crec pas que ni tu ni jo tinguem que arrepentir-nos d'haver sigut com hem sigut, homes de gran conseqüència i de grandíssima bona fe. De vegades rebo cartes del vell Franquet, 83 anys, que donen enveja. És més jove que molts dels joves d'avui. [...] I si un contempla certes actituds, encara es sent orgullós de veure i contemplar com el món, gràcies a les nostres utòpiques manies, ha anat progressant i donant-nos la raó que els nostres deixebles ens neguen en ares de la seva gran superioritat... i de la seva gegantina imbecilitat. (Carta de Plaja a Rosell, 16.6.1962).

El 6 de abril de 1970 fallecía también Esperança Figueras i Davi. Ambos fueron enterrados en el cementerio de Norte de Montevideo.

Nota final

Esta crónica biográfica ha intentado recomponer y dar luz al rompecabezas Rosell. Para ello ha sido necesario atar los muchos cabos que otros investigadores consiguieron identificar antes, como también pulir los muchos errores y especulaciones que rodeaban a su figura. Aun así, queda mucho por hacer. Tras años siguiendo su pista, cerramos esta edición con el pleno convencimiento de que aún se guardan documentos, textos, libros, cartas y fotografías en estanterías y archivos más o menos improvisados, más o menos accesibles, en Montevideo, Sabadell, Calvet, Lloret de Mar y Alaior. Sabemos que hay obras inéditas que aún permanecen en paradero desconocido. Si el contenido de este libro ayuda a dar con ellas, nos sentiremos satisfechos con el esfuerzo y el trabajo realizado. El personaje lo vale.

En cuanto a los textos que se presentan a continuación, son solo una muestra de la voluminosa producción propagandística de Rosell en prensa. La selección ha sido hecha con la idea de reunir artículos que reflejaran fielmente su pensamiento político en sus últimos años de vida. Impregnados de su inconfundible estilo recargado, denso y lleno de circunloquios, en cada uno de ellos encontramos las piezas de una crítica descarnada al hombre -y el anarquista- de entonces, a quien no duda en acusar de pasividad, desidia e indolencia en todo lo relativo a su deber ético como ser libre. Rosell enfrenta a través del texto su mayor demonio, un individuo que debería ser portador de toda esperanza, pero que, sin embargo, no pasa de ser un ridículo inválido político y narcótico cultural. Para Rosell, fueron muchos los que abandonaron el Ideal tras el desastre de España, como también fueron muchos los que lo utilizaron egoístamente para sus propios fines.

Su voz, firme a la vez que frágil, segura, pero impotente, se alza en protesta contra los males que ve prevalecer en el mundo, fijando posiciones contra la maquinaria bélica del poder, contra el desarrollo tecnológico al servicio del capital, contra la cultura idiotizante del entretenimiento, contra el consumo esquizofrénico de alcoholes y fármacos, y contra la ciudad, erigida, según él, en símbolo de la destrucción de la Naturaleza.

Rosell agotó sus últimas energías insistiendo en la necesidad urgente de una ruptura radical con el capitalismo. Con fervor y resignación, instó en cada letra a un cambio que nunca fue, pero que debería haber reconstruido los fundamentos del cuerpo y el acuerdo mutuo de la futura consciencia humana. Fiel a sí mismo, Rosell dispuso sus últimos latidos a favor de la causa.

Todo por el Ideal.

BIBLIOGRAFÍA

Alzina, P. (2010). L'obrerisme educatiu a les Illes Balears. *Educació i Història: Revista d'Història de l'Educació, 16.* pp. 105-137.

Bayer, O. (2008). *Los anarquistas expropiadores. Simón Radowitzky y otros ensayos.* Sombraysén Editores. Patagonia.

Delgado, B. (1978). La Institución Libre de Enseñanza de Sabadell. *Revista Española de Pedagogía, 36* (141). pp. 137-153.

Garay, G. (2021). *La ilustración perdida. Magisterio y vida cotidiana La labor de Otto Niemann en la Escuela Experimental de Progreso.* Autoedición.

Garay, G. (2017). *La Liga Popular para la Educación Racional de la Infancia: Montevideo 1911-1916.* Tesis doctoral. Facultad de Humanidades y Ciencias de la Educación. Universidad Nacional de La Plata.

Garay, G. (2017). La discusión en torno a la implementación de la Escuela Integral en el marco de la propaganda racionalista en Montevideo, 1911-1916. *Revista Latino-Americana de História,* 6 (17). pp.7-26.

García, H. (2021). "De Macrobia a Yankeelandia: Américas imaginarias en la literatura española, 1868-1936", en Juan Pro, Monika Brenišínová y Elena Ansótegui (eds.). *Nuevos Mundos: América y la utopía entre espacio y tiempo*. Iberoamerica-Vervuert. pp. 179 - 206.

Gastón. (2000). *Los orígenes del movimiento obrero en el Uruguay*. Opción Libertaria, 34, 35 y 36. Montevideo. Reeditado en 2009 por La Turba Ediciones.

Gurucharri, S. y Ibáñez, T. (2010). *Insurgencia libertaria. Las Juventudes Libertarias en la lucha contra el franquismo*. Virus. Barcelona.

Iñiguez, M. (2001). *Esbozo de una Enciclopedia histórica del anarquismo español*. Fundación de Estudios Libertarios Anselmo Lorenzo. Madrid.

Irurzun, M. (2016). Los catalanes separatistas en Buenos Aires y el "exilio" como categoría identitaria (1908-1918). *III Jornadas de Trabajo sobre Exilios Políticos del Cono Sur en el siglo XX*. 9-11 de noviembre, Santiago de Chile. Agendas, problemas y perspectivas conceptuales.

Jensen, S. (2014). Gran Guerra, identidad nacional y catalanismo. Una visión desde las actividades del separatismo radical de Buenos Aires. *Actas del Congreso La Gran Guerra y sus consecuencias. Las alternativas a la quiebra de la civilización liberal*, 7-8 de mayo. Universitat Autònoma de Barcelona.

Martín, A., Muñoz, V. y Montseny, F. (1970). *Breve historia del movimiento anarquista en Estados Unidos*. Ediciones Cultura Obrera.

Martínez, R., Muñoz, P. (2023). *Pólvora verde. Breve diccionario anarquista de la región uruguaya*. Alter Ediciones. Montevideo.

Martorell, C. (2020). *Anarquisme i lliurepensament a Menorca (1898-1923)*. Calumnia Edicions.

Masjuan, E. (2022). Albano Rosell. Del separatismo catalán de Montevideo al federalismo e iberismo anarquista (1920-1945). *RIDPHE_R Revista Iberoamericana do Patrimônio Histórico-Educativo, 8*. pp. 1-32, e022010.

Masjuan, E. (2021). Albano Rosell ante el separatismo catalán del río de la plata (1922-1939). *Revista de Historia Actual, 15* (18-19). pp. 165-179.

Masjuan, E. (2015). El teatre fet pels i per als obrers a Sabadell [1880–1936]. *Arraona, 35*. pp. 42-57.

Masjuan, E. (2008). L'ensenyament obrer a Sabadell en el primer terç del segle xx. *Arraona: revista d'història, 31*. pp. 12-24.

Masjuan, E. (2007). *Medis obrers i innovació cultural a Sabadell (1900-1939): l'altra aventura de la ciutat industrial.* Bellaterra. Barcelona.

Masjuan, E. (2000). *La ecología humana en el anarquismo ibérico: urbanismo "orgánico" o ecológico, neomalthusianismo y naturismo social.* Icaria. Barcelona.

Motilla, X. (2010). Sociabilitat, cultura i educació fora de l'escola en els ateneus obrers i populars del Maó del nou-cents (1908-1931). *Estudis Baleàrics, 100/101.* pp.105-123.

Muñoz, P. (2017). *Antonio Loredo. Aletazos de tormenta.* La Turba Ediciones. Montevideo.

Muñoz, P. (2014). La dinamita redentora. La Semana Roja de Montevideo. *Tierra y Tempestad*, 20. Montevideo.

Muñoz, P. (2009). *Francisco Ferrer y Guardia. Su vida, la pedagogía anarquista, las repercusiones en el Uruguay.* La Turba Ediciones, Montevideo

O'Neill, F. (2017) [1993]. *Anarquistas de acción en Montevideo, 1927-1937*. Cúlmine Ediciones. Buenos Aires.

Petra, A. (2005). La utopía del individuo integral o el mito de la Arcadia sudamericana. Anarquismo, eugenesia y naturismo en el viaje a El país de Macrobia. *Políticas de la memoria, 5*. Dossier Utopías tardías entre Europa y América. Cedinci. Buenos Aires.

Petra, A. (2004). El viaje al centro del individuo libre: anarquismo, naturismo y utopía. *VI Jornadas de Sociología. Facultad de Ciencias Sociales*, Universidad de Buenos Aires.

Rama, C. M. y Cappelletti, A. J. (1990). *El anarquismo en América Latina*. Biblioteca Ayacucho. Caracas.

Rosell, A. (1951). *Minúcies sabadellenques. Records d'infància i de joventut sobre un Sabadell bon xic pintoresc*. Analectos. Montevideo

Rosell, A. (1985). Crònica del meu pare (Albà Rosell). *Escola i estat: Actes de les 7enes. Jornades d'Història de l'educació als països catalans*, Perpinyà, 2-5 de maig / coord. por Jordi Monés i Pujol-Busquets, Pere Solà i Gussinyer. pp. 419-425.

Roselló, J. M. (2008). ¡Viva la naturaleza! Escritos libertarios contra la civilización, el progreso y la ciencia (1894-1930). Virus. Barcelona.

Roselló, J. M. (2003). *La vuelta a la naturaleza. El pensamiento naturista hispano (1890-2000): naturismo libertario, trofología, vegetarismo naturista, vegetarismo social y librecultura*. Virus. Barcelona.

Solà, P. (2011). *Ferrer Guardia, pedagogo y hombre de acción: la mirada apasionada de Alban Rosell sobre el fundador de la escuela moderna*. El Clavell. Barcelona.

Solà, P. (1990). Evocació del polígraf sabadellenc Avenir Rosell i Figueres, 1907-1988. *Arraona, 6*. III Época. pp. 65-73.

Solà, P. (1982). Los grupos de magisterio racionalista en Argentina y Uruguay hacia 1910 y sus actitudes ante la enseñanza laica oficial. *Historia de la educación, 1*. pp. 229-246.

Solà, P. (1980). *Educació i moviment llibertari a Catalunya (1901-1939)*. Edicions 62. Barcelona.

Solà, P. (1978). Morral y Ferrer vistos por Alban Rosell. Sobre la participación de Ferrer i Guardia en los regicidios frustrados de 1905 y 1906. *Tiempo de Historia, 43* (4). pp. 38-45.

Soriano, I. C. (2002). *Hermoso Plaja Saló y Carmen Paredes Sansel anarquismo silencioso, 1889-1982.* Tesis doctoral. Departamento de Historia Medieval, Moderna y Contemporánea. Universidad de Salamanca.

Stavisky, S. (2020). El naturismo como proyecto de reforma en los estilos de vida en Albano Rosell. *Políticas de la memoria, 20.* pp. 117-131.

Yanes, S. (2018). Entre Lloret i el Río de la Plata. Les vides creuades dels Ros i els Rosell. *Sesmond, 17.* pp. 29-31. Ajuntament de Lloret de Mar.

Yanes, S.; Marín, C.; Cantabrana, M. (2017). El apoyo mutuo anarquista. La sección uruguaya de Solidaridad Internacional Antifacista. *El Hemisferio Izquierdo.*

Yanes, S.; Marín, C.; Cantabrana, M. (2016). *Papeles de plomo. Los voluntarios uruguayos en la Guerra Civil española.* Ediciones de la Banda Oriental. Montevideo.

Zubillaga, C. (2008). *Perfiles en sombra. Aportes a un diccionario biográfico de los orígenes del movimiento sindical en Uruguay (1870-1910).* Librería de la Facultad de Humanidades y Ciencias de la Educación, Montevideo.

ARCHIVOS CONSULTADOS

Biblioteca de Catalunya, Barcelona

Biblioteca Pública Arús, Barcelona

Biblioteca Nacional de Uruguay, Montevideo

Casal Català de Montevideo, Montevideo

Biblioteca Nacional del Uruguay, Montevideo

Centro de Documentación e Investigación de la Cultura de Izquierdas, Buenos Aires

Internationaal Instituut voor Sociale Geschiedenis, Amsterdam

Arxiu Nacional de Catalunya, Sant Cugat del Vallès

Biblioteca de Catalunya, Barcelona

Arxiu Històric de Sabadell, Sabadell

Fundació Bosch i Cardellach, Sabadell

Arxiu de Revistes Catalanes Antigues, Barcelona

Archivo Familia Rosell, Montevideo

Archivo Familia Charquero, Cuchilla Alta

FUENTES HEMEROGRÁFICAS

El Trabajo, Sabadell (1897 - 1913)

Ressorgiment, Buenos Aires (1920 - 1932)

Nova Catalunya, Montevideo (1926 - 1929)

La Protesta, Buenos Aires (1897 - 1932)

Infancia, Montevideo (1912-1916)

Analectos, Montevideo (1937 - 1954)

HACIA EL IDEAL. TEXTOS LIBERTARIOS DE ALBANO ROSELL (1947-1959)

un passat que, mentre no s'hagi comprovat, és lo millor.
Albano Rosell

[los poderes] de lo primero que procuran es apoderarse de la
infancia,
precisamente para amortiguar su carácter, apagar su voluntad,
vencer su temple,
detener su pensamiento, adormecer su vitalidad creadora, en fin,
convertirlo en un instrumento más de su engranaje,
cosa que logra perfectamente el Estado, la Religión y la Patria,
esto es: el Capitalismo.
Albano Rosell

FRATERNIDAD UNIVERSAL

Firmado por Victoria Zeda y publicado en *Cultura Proletaria* (Nueva York), 1947

SOLIDARIDAD, significa, para nosotros, el sentido de apoyo y estímulo hacia cuantos luchan para lograr de un elevado concepto de dignidad humana, que necesita ser obtenido por todos los medios al alcance del hombre en su lucha por la vida, en esta sociedad materialista, egoísta y torturadora.

INTERNACIONAL, debe ser la acción, porque por doquier se nota la misma opresión, las mismas dificultades, injusticias y maldades, y por esto, la actuación del hombre debe hacer caso omiso de fronteras arbitrarias, jerarquías impuestas y diferenciaciones que no tengan como finalidad el respeto y la estima al ser humano, haya nacido donde quiera y hable cualquier lengua, si su corazón y su pensar obedecen a un sentido de humanidad, de fraternidad, de libertad y de justicia.

ANTIFASCISTA, en el sentido más amplio y completo de la palabra, comprendiendo en él todas las formas de opresión, tiranía, de sojuzgamiento del individuo y de la colectividad. Somos antifascistas cuantos no ignoramos que el ropaje con que se disfrazan, no impide ver que la mercancía procede del mismo fondo, y que en lo que al mundo actual hace referencia, no tiene otra finalidad que la de ahogar la explosión reivindicadora que pudiera surgir de los núcleos que no se dejan engañar por promesas y falsos valores con las que los amos de todo, el Capitalismo mundial, que es quien organiza y prepara las masacres de descontentos, pretende ahogar toda chispa de rebeldía, solidaridad y hermandad del pueblo consciente. Así se vio en España bien claramente, donde todas las formas de tiranía y capitalismo procedieron para que la luz no se afirmara y procurara irradiar con ejemplo esplendente, aquietando la digestión plácida de los satisfechos y haciendo peligrar la hegemonía del oro, de tantos siglos en dominio y expansión.

SOLIDARIDAD es, pues, el sentido humano del ser libre. INTERNACIONAL, es la fraternidad hecha acción. ANTIFASCISTA, es la expresión de oposición activa a toda tiranía.

EL ESPÍRITU BURGUÉS

Firmado por Victoria Zeda y publicado en *Cultura Proletaria* (Nueva York), 1948

Es nuestro enemigo. Hay que destruirlo, aniquilarlo, vencerlo. Matar el espíritu burgués en los individuos y en las masas, sería revolucionario. Se impone como cosa primordial si queremos seguir avanzando sin tropiezos. Será trabajoso, difícil lograrlo, cierto. Día a día, ese espíritu misoneísta y atávico, se apodera más y más de los seres y las cosas, dominándolo todo. Día a día, su poder maléfico, se enrosca en los seres y las cosas, para anularlos y vencerlos sirviéndose de ellos como instrumentos de dominio y caprichos de menguada utilidad.

El espíritu burgués ha devenido una virtud, como Mefisto, se ha convertido en el indispensable de Fausto. En el vil organismo social que nos cobija y ampara -por nuestra ignorancia, nuestra resignación y nuestra torpeza-, el espíritu burgués ejerce de valor y adquiere prestancia de ente indispensable en todos los órdenes del vivir.

¿Por qué eso? Los múltiples factores que inciden en ello demandan serenidad y un gran sentido de análisis para discernirlos. Requiere también una observación firme y tenaz para librarnos de ellos individual y colectivamente. Lo hemos señalado en otras oportunidades: «Todo lo que la sociedad actual, la organización presente y la economía capitalista nos ofrece como valores estimables, debe pasar por el filtro y el tamiz de nuestras doctrinas, de nuestro pensamiento y de nuestra razón para ser rechazado una y otra vez».

No nos asustamos de términos y propósitos, pues ellos son la finalidad revolucionaria, el sentido transformativo y creador que debe movernos. Para alcanzar nuestro bienestar, el de todos, se entiende, todo cuanto nos ofrece la sociedad vigente en sus diversas instituciones y organismos, debe ser sistemáticamente rechazado, repudiado, combatido.

Las castas y clases dirigentes no ofrecen garantía alguna de solvencia. La burguesía, el capitalismo en sus jerarquías y prosapias, no puede conceder bienes algunos a los pueblos, a las masas, al individuo, que no sean para afirmar sus poderes y cimentar su hegemonía. La burguesía, el capitalismo, esquilma, no concede. Roba, no da, no puede dar. Y eso tan lógico y elemental, es lo que muchos elementos de supuesta visión refinada, no saben comprender o rehúyen afrontar. Y es que el espíritu burgués servil, taimado, felón, reptilea por doquier, en las formas más sutiles, logrando, como un cuerpo cristaloide, penetrar en las cosas, sin dejar huella.

Los vicios, las pasiones, los afanes de figuración, las vanas glorias, las petulancias, las inclinaciones morbosas, todo lo que significa dominio del hombre y anulación de su querer y voluntad, es el espíritu burgués que nos avasalla. En la actual economía capitalista y burguesa, ello adquiere sentido de realidad sin que sepamos librarnos de su influjo y de su funesta misión.

Teobaldo Nieva, el teórico proletarista español de final de siglo, resultó dominado por ese espíritu (como productor y como inductor rebelde). En su libro "Química de la Cuestión Social", profundamente revolucionario en retórica y similar a algunos de nuestros precursores reivindicativos del proletariado, el espíritu burgués predomina en su contenido, mostrando de fondo el ansia por los goces y disfrutes de los placeres y venturas materiales que disfrutan los ricos sibaritas, como si ello fuera lo lógico del vivir.

CIENCIA Y NATURALEZA

Firmado por Victoria Zeda y publicado en *Cultura Proletaria* (Nueva York), 1949

El hombre, a medida que sintió las necesidades de la vida y las inquietudes que el medio le exigía para su persistencia y sostén, fue imaginándose cosas a fin de facilitar y mejorar su tarea. En ese afán superador fue investigando en cosas, seres y ambientes, descubriendo día a día nuevas maneras de proceder, nuevos valores de la materia, distintas aplicaciones de los productos de Natura y varias utilidades de aplicación de los seres vivos que le rodeaban.

Desde la piedra bruta a la piedra labrada, por ejemplo, mediaron siglos. Desde ésta al descubrimiento de los metales y sus aleaciones, otros más. Desde la alimentación en crudo o al natural, hasta la aplicación del fuego para transformar y hacer más asimilables ciertos alimentos a su alcance, nuevos siglos fueron precisos.

Pero, cada hallazgo enlazado con los anteriores iba facilitando el progreso de las cosas y de la vida, y la lucha del hombre frente a los otros seres y los elementos envolventes, generaba nuevos avances en la alimentación, en el vestido, en la vivienda y en las relaciones entre sí hasta llegar a un período en que el buen sentido y la reflexión debían imponerse, a fin de no rebasar los límites que marcan lo racional de lo bárbaro.

En tal período se perdió el raciocinio en aras del amor propio, la egolatría y la antropolatría, lo que nos ha conducido, a través de los siglos, a una involución peligrosa que señala el descenso del hombre frente a la naturaleza de las cosas y de los otros seres llamados inferiores.

Todos los hallazgos, descubrimientos, progresos y adelantos que se consiguen, cada vez más fáciles y posibles por el enlace de unos con otros, son lo que se llama Ciencia, es decir, saber, comprensión y criterio, si el buen romance es verdad.

La Ciencia, pues, cuenta en su haber maravillas, incluso poderes que han logrado si no vencer, sí dominar a la Naturaleza que, esa sí, no ha hecho sino seguir su ritmo y su misión creadora, confiando al hombre la obligación de regirla, encaminarla, sortearla y dominarla aprovechándose de todo su potencial y materialidad para su servicio y perfección, cosa que no siempre ha sabido lograr el sabio que, por el contrario, ha pretendido enmendarlo artificiosamente.

Y al mismo tiempo que esas evoluciones y revoluciones seguían su ritmo inflexible, nacía en el hombre el egoísmo feroz de su vivir y el afán de su disfrute en detrimento del afín. El valor acumulable surgía y con ello el negocio y la especulación sin frenos ni sentimentalismos, transfigurándose la valía de las cosas y las necesidades racionales. A su vez, en las sociedades y pueblos tenidos por cultos, las pasiones y morbos aparecían como virtudes, marcando épocas la orgía y el desenfreno.

En ese afán de corregir la Natura, entró la especulación y el egoísmo, produciéndose el gran problema que aqueja hoy a la humana grey que se destruye a sí misma en los campos de batalla, en los laboratorios de nigromancia y en las industrias y explotaciones de toda índole. Mientras en la Naturaleza y en sus "seres inferiores" todo se desarrolla normal e infaliblemente en los "seres superiores" o racionales, la vida y la existencia se alteran de manera que su "finis" o decadencia es fatal si no se corrige la locura que les domina en pos de una ganancia estúpida.

Está bien que el hombre trate de sortear infortunios y contrariedades climáticas, atmosféricas, sísmicas e ígneas, como hacen los seres "inferiores" para su persistencia, pero sus tácticas e innovaciones alteran y contradicen a la Natura. Una cosa es utilizarla para su servicio, como aconsejan todos los precursores habidos, y aprovechar sus bondades y recursos abundantes, y otra contravenir y alterar su esencia, como se logra por el miraje de una ciencia innegable pero mal aplicada debido a los intereses de una organización feroz y materialista que en ese afán, se castiga a sí misma sin piedad.

Actualmente, la industrialización de todo lo necesario a la vida, dificulta y altera su esencia. Para hacer más eficaz ese negocio indecoroso y sádico que el capitalismo suicida aplica a todo, lo más esencial para la vida, el alimento, sufre transformaciones que limitan su valor nutritivo, de tal forma que todo el organismo físico y fisiológico resulta afectado, produciéndose como recompensa otra especulación comercial que acaba con la especie, a pesar de pretender salvar a todos por igual. La negación del Hombre en la Naturaleza es un obsequio a un Capitalismo endiosado y prepotente que ha perdido la brújula.

Y en tanto la Ciencia y la Naturaleza andan en desacuerdo, la Vida Humana sigue y seguirá su involución hasta el *finis* infalible. "Natura non facit saltus", dijo el filósofo, pero los egoísmos y las pasiones saltan por sobre Natura en ciega carrera que todos sufrimos si no se pone coto a ello de inmediato.

PROPIA REIVINDICACIÓN OBRERA

Firmado por Victoria Zeda y publicado en *Cultura Proletaria* (Nueva York), 1949

La economía capitalista va cediendo en muchos aspectos y en los países menos castigados por la barbarie, aunque aún sean escasos hoy, el proletariado consigue cierta comodidad y recursos equivalentes al estándar de vida impuesto.

Nadie tiene más derecho que el productor de todo al disfrute de su producto. Pero nadie tampoco debe sentirse más interesado en dignificar su valor, su valer y su hombría de ser pensante y racional.

¿Cómo se invierte la ventaja del músculo y de la especialización productora que el capitalista se ve obligado a conceder? Cayendo en las redes del despilfarro, del lujo mediocre y perjudicial que se han ido creando al compás de las concesiones, es decir, del espíritu maligno que se generaliza para seguir dominando al ser y a la sociedad.

He ahí una realidad: Un conocido nuestro, hijo de un antiguo amigo que tuvo una fugaz y caprichosa intervención en nuestras cosas, casi como pasatiempo, ha logrado un sueldo estimable como productor especializado. Su mujer, joven, otrora obrera de la industria textil, que, sin haber gozado de luces ni aspiraciones, al verse, como él, en posesión de recursos antes no soñados, lo primero que hace es comprarse un auto para utilizar los días festivos. Es el primer paso de satisfacción de ellos y sus familiares para causar envidia a relaciones y amigos. Es el sentido burgués del bienestar. Complicarse la vida y malgastar a lo tonto lo que podría ser utilizado más racionalmente.

Su vivienda es mísera, reducida, sin confort ni agrado, no obstante, la novel dueña del hogar, exproletaria, pone lavandera y sirvienta, satisfaciendo otra vanidad, porque en un hogar mediocre no hay lugar para que otras mujeres hagan la limpieza, ya que bien podría hacerlo la dueña hasta como pasatiempo.

En la comida, todos los refinamientos de la industria con la que el capitalismo rodea las urbes, son utilizados como cosa de paladares refinados, siendo la farmacia la que en última instancia resuelve los desarreglos gástricos y de otro orden.

¿Qué es todo esto, pues? Es el espíritu burgués, maligno y capitalista, tonto, que se infiltró en esos pobres seres mediatizados por el ambiente actual. Todo lo demás, rutinas, tradiciones, vicios, siguen la misma corriente.

No hablemos de cosas del sentimiento, del arte, de la emoción y de superación que nada de eso existe en esas pobres almas. El cine bestia, los deportes idiotas, la radio imbécil, sus expansiones intelectuales están todas al servicio del capitalismo.

Y eso es lo que hay que matar, si no queremos ser vencidos. Debemos crear lo nuestro e imponerlo como norma reivindicativa.

EL BASTIÓN DE LOS VENCIDOS

Firmado por Victoria Zeda y publicado en *Tierra y Libertad* (México), 1949

En la lucha y aceptación de los ideales de dignificación humana y del vivir honorable y justo, se reclama algo que no todos poseen con la abundancia y renovación deseable.

Cuanto más desinteresados y nobles sean los postulados de esa lucha, más sacrificios se exigirán su cumplimiento.

De ahí que, si no incluye en los adeptos una comprensión y una convicción fundamentada y eficaz, efectiva y voluntaria, peligra la constancia y permanencia en la brega, puesto que falta el motivo fundamental para sostenerla, soportarla y enaltecerla hasta el sacrificio, si ello lo demanda el fragor combativo.

Y llegado el momento de la retirada, comprensible y deseada si falta el vigor inicial y la voluntad de combatiente, es de apreciar que no sea vergonzosa, humillante o contradictoria, como a veces pasa. Que el cansado repose, el inepto se abstenga sin estorbar y el vencido no manche su derrota con bajezas, es lo menos que se puede esperar de los que han pasado por el campo o los campos de la cultura, de la ciencia, del arte o de las visiones luminosas de otras elucubraciones esperanzadoras.

Pero no siempre ocurre así y son muchos los que quieren justificar su fracaso, su incomprensión o su inepcia, reductándose en otros campos o en batallas que equivalen a una negativa vergonzante de su incapacidad de aprecio, de su mediocre inteligencia, y lo que es peor aún, que buscan en sus supuestas luchas rebeldes una egoísta labor de interés personal, siendo así que, al retirarse, nadie les pide explicaciones, a no ser que hayan cometido faltas de un orden que escapa a lo honesto, correcto y digno.

El comunismo político, o stalinismo servil, está nutrido de fracasados e ineptos incapaces de alcanzar las concepciones superiores que antes decían defender. En este bastión acomodaticio, especulativo y de línea, se sienten a gusto porque satisfacen su inepcia mental y les prometen una quimera dorada que se imaginan cómodamente asequible, ya que su afán ególatra, que fué lo que los llevó a adular a las multitudes, buscando satisfacer su vanidad de rabadanes, se ve satisfecho en parte, y es por eso que hemos visto apoyar tales lemas a un buen número de combatientes anarquistas, incomprendidos o hurtados *in mente*.

Es preciso, pues, que seamos exigentes a la hora de aceptar a convencidos o sedicentes camaradas, si no queremos ver debilitadas nuestras filas, pues importa más la calidad que el número, tanto más cuanto que cada vez lo que debe exigirse al sedicente compañero, es su comprensión del Ideal y su espíritu total.

En los distintos continentes y en las naciones donde más se bregó por los ideales de superación rebelde, hemos podido apreciar, en el transcurso de medio siglo, fallas de hombres que tuvieron su momento de "snops" revolucionarios y ácratas, y luego se desintegraron, como vimos en distintos sectores de la actividad combatiente y política, de letras u otros menesteres. Intentemos que ese tipo de cosas no melle más los ideales que debemos defender.

Servir de escabel para que trepen algunos vivos, es una función bien triste. Y esto ha ocurrido en Alemania, Francia, Italia, España, Argentina, etc.

Menos mal que esa transfusión de actividades no ha significado el falso argumento de una disimulada cobardía. Tampoco ha conseguido amparar elucubraciones de dudosa certeza.

Por ese camino hemos visto desfilar centenares de figuras, algunas de relumbrón en sus momentos destacados. Son esos, precisamente, los que más afectan a los que se inician en ideales de sinceridad y generosidad.

Discúlpenme que no alargue esta nota con nombres. Pero permítanme también que llame la atención de los que deben ser cautos a fin de que en el bastión de los vencidos no aparezcan las fallas de la intriga y del menosprecio, ni que se humille a los que quedan en el campo de la actividad creadora y rebelde.

Lo menos que puede desearse de los caídos, es su silencio inocuo y resignado.

OPIOS SOCIALES

Firmado por Germina Alba y publicado en *Tierra y Libertad* (México), 1950

En esta incomparable, imponderable y bendecida civilización, el hombre está satisfecho de con cuanto le oprime y anula, en virtud de una desviada y obstruyente mentalidad que se pretende inteligente.

Las bestias sirven de comparación para valorizar el entendimiento nuestro, pero no nos percatamos que, con frecuencia, la más bestia de las bestias somos nosotros mismos.

El ser humano vive enclavado en un círculo vicioso, donde son posibles todos los absurdos imaginables y proteicos que se derivan de la ignorancia alfabeta que nos aplasta y envanece estúpidamente.

Vive sometido a la esclavitud dorada que pretendidas venturas le hacen concebir como grandes cosas pero que en realidad no son sino vicios que se amagan en valores de disfrute y salud.

Vive uncido al yugo de sus pasiones, que no son otra cosa que la reviviscencia del ancestral gorila. Vive engañado por los que de ellos medran o por el verbalismo sabio que todo lo rodea, y que también le sujeta a la depresión. Vive soportando al caballero que le castiga y le jinetea, aplicándole los espolones en los ijares, aunque luego le pretenda sanar con emplasto de verborrea fulera y rimbombante, suministrada en las tiendas de cultura superior. ¿Qué se quiere lograr con la falsa fraternidad, la falsa justicia de fulera verdad, con la libertad camuflada por los que coparon las direcciones y puestos de mando?

¡Ah!, pero, si los engañados despertaran y se dieran cuenta de la verdad y real misión que cumple con sus músculos, con su ingenio, con su viril labor, con su capacidad creadora, entonces se desvanecerían los encantos de tanta mentira, y el falso miraje giraría para situar las cosas en el plano de una civilización auténtica, recuperando su jerarquía el ser racional.

Fomentar el desacuerdo entre los hombres, esa es la misión de las instituciones políticas, capitalistas; es la base de esa organización económica, y de ahí las categorías, clases, posiciones, diferencias y jerarquías que forman el entramado de un gran tejido social que se disuelve en envidias, odios, contrariedades, vicios y cuánto puede afirmar más las divisiones y fomentar los distanciamientos que son necesarios para el triunfo del mal, cosa esa que ya se estableció como principio en la Mónita Secreta de los jesuitas.

De ahí que la desintegración de la familia, de los clanes, de los hogares, de las sociedades y de cuanto podría ser el aglutinamiento para una inteligencia que nos condujera a una fraternidad y a una comprensión de nuestros destinos como seres racionales y civilizados, es fomentada y deseada en el pensamiento y en los valores de estos tiempos modernos y libres.

Por eso el chovinismo ese patrioterismo cerril y fanático, es la argamasa para levantar el edificio guerrero, los nacionalismos protervos, las enemigas entre razas, pueblos, naciones, asentamiento de todo peligro y amenaza asesina, fundamentado en verbalismos de legalidad, derecho, dignidad y otras monsergas que no son otra cosa que las cortinas de humo con que los estados totalitarios, demócratas, capitalistas todos, fraguan y organizan matanzas, negocios, iniquidades mil, y con los tropos patrios como sudarios convenientes a los cuerpos que pedirán mortaja, por no haber sabido prevenir la mortandad salvaje.

Jefes, caudillos, líderes de todas las cataduras y para todos los gustos, son también, generadores de diversiones, competiciones, antagonismos, luchas intestinas y fraternales que convienen a los pescadores a río revuelto, cuyas redes sostiene el capitalismo y tiende por doquier para intentar apoderarse del producto en su propio y exclusivo provecho, mientras los seres se debaten en minucias y guerrillas debilitantes del esfuerzo común para su dignificación y poderío.

Y mientras los pueblos no avizoren su situación en el sentido de liberarse de intereses subalternos y de los efectos somnolientos de los opios que se les infiltran, la dignificación racional no será posible. Deberán soportar las consecuencias de su desinterés por liberarse de los engranajes mortíferos que lo envuelven como a un juguete.

LA MÁQUINA SOCIAL

Firmado por Victoria Zeda y publicado en *Ruta*.
Órgano de la FIJL (Francia), 1951

Es un conjunto heterogéneo, múltiple y monstruoso.
Hay que lubricarlo fuertemente para que marche. Y
anda, sí, anda con más o menos chirridos, con mayor o
menor número de frenadas, y a veces, sus ejes se tupen,
pero no faltan mecánicos que lo limpien.

Habiendo grasa, aceite y líquido resbaladizo a mano,
la máquina marcha, su mecanismo funciona y produce.
Está montada con todas las técnicas y por los técnicos
especializados. Es una cosa bella, una obra de arte, esa
máquina social.

Millones y millones de seres suministran con sudor
y sin gran costo el lubricante necesario para su anda-
miento. Ejes, engranajes, ruedas, transmisiones, pivo-
tes, frenos, manivelas, todo, en fin, está combinado
a la perfección. Los líquidos untuosos no siempre lo
parecen, pero su efecto es infalible. Pueden ser materias
fiduciarias distintamente combinadas, materia áurica
con valores determinados o bien títulos y pergaminos
que dan el poder y la habilidad necesaria para que el
mecanismo ruede.

Los maquinistas, manivela en mano, guían su camino por los carriles reales, monárquicos, republicanos, democráticos, socialistas o totalitarios, disponiendo de estaciones a término, talleres de reposición, mecánicos, oficiales y peones que en ipso facto, enderezan cualquier desvío. Y millones y millones de seres en el mundo, de grado o por fuerza, sudan, laboran, se agitan y hacen trepidar el armatoste que marcha... marcha... marcha...

A la fatigada grey se la consuela y complace con el disfrute de latigazos que le han enseñado a sentir con placer. Si no quiere resignarse, símbolos y oficiantes ultraterrenos, la engatusan y la mantienen a raya con piezas mortíferas de la misma máquina que mantiene en marcha sus semejantes con una sincronicidad disciplinada que es una maravilla. Los laborantes pueden elegir más o menos libremente como suministrar el lubrificante para el engrase, cuando las máquinas y los maquinistas son coronados, cuando llevan gorro frigio o esgrimen el nivel igualitario, de la misma manera que pueden determinar más o menos fácilmente el lugar de su labor. Pero siempre serán, sin protestar, piezas de la máquina.

Cuando el maquinista es un conductor total, entonces las piezas de la máquina están absolutamente al servicio del conjunto y carecen de voluntad, de deseos, de aspiraciones, de libre elección, y suministran su sudor lubricante sin discernimientos ni análisis propios, ni tiempo, ni elección. No son y no pueden ser otra cosa que piezas de repuesto de la máquina; nada más.

La máquina social más perfecta, pues, es la que dirige un maquinista, ayudado por sus peones. La encarrila sin dudas, sin chirríos, sin sacudidas y sin bruscas frenadas, ya que eso significaría su total descomposición.

Pero esas máquinas sociales, maravilla de organización, tienen resortes falibles a la larga, ya por desgaste, ya por mal lubrificante o materia prima. Cuando las piezas lubrificantes comprendan la importancia de su sudor, lo que su grasa significa, y sepan librarse de los falsos lemas con que se las sugestiona, la paralización, la frenada brusca, el choque de bielas, ruedas, ejes, engranajes, transmisiones y «tutti quanti» las integran -con o sin auxiliares del hisopo, de las ametralladoras, de los códigos y birretes-, saltará por encima del carril y un montón de hierro y de materiales destrozados darán cuenta de la convulsión.

Y los millones y millones de trabajadores podrán libremente organizar los talleres sociales del mutuo acuerdo, de la comprensión federalista, de la solidaridad humana y fraternal, y emprender el posible camino de su dignificación como seres pensantes, civilizados y morales que saben lo que quieren y a dónde van.

Y la máquina social de nuestros días, devendrá un armatoste arrinconado y descrito en los códigos polvorientos de los archivos, en memoria de lo que fue y para ejemplo de las generaciones felices que lo hayan conquistado.

RUIDOS TRÁGICOS

Firmado por Victoria Zeda y publicado en *Tierra y Libertad* (México), 1951

Con el canto de la paz, eso que tan fácil sería establecer si no hubiese tantos intereses creados a su alrededor, si no existieran los profesionales de la guerra, imponentes y dominadores, con ínfulas de salvadores de la humanidad, se está laborando incansablemente para la guerra, en tanto los pueblos "disfrutan" de los "placeres" del vivir a toda marcha, mediante el juego tortuoso de falsas reivindicaciones sociales dirigidas a personas bobas.

Todo lo más preciado para el hombre, lo que debería serlo al menos, está al servicio de la matanza sistemática del mismo, con un sentido de inconciencia, de idiotez y de bestialidad bárbara a la que nos vamos acostumbrando gracias a los verbalismos y argucias que sirven para el engatusamiento masivo.

Las ciencias, los progresos, las investigaciones de laboratorio, los hallazgos de adelantos mecánicos, químicos, físicos, las lumbreras sabias, que no son otra cosa que eso, cuya insensibilidad e idiotez se contiene ante sus cacúmenes retorcidos y estratificados como bloques de cemento armado, están a disposición y al servicio de la matanza organizada, en contraste sarcástico y trágico con las inquietudes que dicen sentir para la curación de dolencias, para el lenitivo de pacientes, para el arreglo y compostura de físicos dañados, en tanto los sanos y normales son bonificados con todo tipo de juguetes mortíferos.

A eso se le llama producto de entes civilizados y sabios, de una organización moral y humana, edificados con el "no matarás" o el no menos valioso dilema de "amaos los unos a los otros" que tantos dicen sentir. Con todo ello se escudan las doctrinas, credos y regímenes que hace veinte siglos llevamos a cuestas, como la cruz que llevara aquel que en el Gólgota dicen que pagó sus atrevimientos de reformador, en contra de las mismas castas y dirigentes que hoy prevalecen. Si eso fuera verdad, haría tiempo que la paloma con su ramo de olivo hubiese impuesto su valor y criterio.

Pero no, no hay que pensar en tal feliz destino mientras los ruidos trágicos dejen sentirse de forma más o menos estridente, más o menos cercana, pero bien característicos y categóricos, como no puede dejar de ocurrir mientras millares de profesionales persistan en sus "virtudes" y millones de millones de riqueza reclamen su utilización como cosa indispensable en la organización y el sostén capitalista.

El sentido común, tan poco usado, debería desvelar la mentira en que se apoya eso de la paz. Pero el hombre de hoy -esas masas alfabetas y envilecidas precisamente por el mal uso de ese saber- movido solo por pasiones bestias y por anhelos materiales, no está en situación de aquilatar diferencias ni perfilar argucias, y de ahí que el mal vaya creciendo a ritmo feroz y con la indiferencia suicida de las víctimas que, para mayor sarcasmo idolatran a sus victimarios...

Se ha dicho que una división acorazada de un ejército moderno cuesta actualmente alrededor de doscientos cincuenta millones de dólares. Una friolera, como se ve. Ahora bien, téngase en cuenta la riqueza que eso supone en inversión de trabajo, jornales, materia prima y esfuerzos destinados no al servicio de la vida normal y correcta, sino a la destrucción, a la muerte, al aniquilamiento de todo lo que debería constituir el disfrute y la libertad de la especie. A la vez, obsérvese que esa riqueza inmensa en dinero y en esfuerzo, está destinada a la destrucción de seres y cosas de incalculable valor, y en ningún caso inferior al que representan tales artefactos.

Bien. Invitamos a los economistas, sociólogos, humanistas, a los hombres sabios en eso de la conducción de los pueblos, a que demuestren claramente eso del "standard" de vida, de los regímenes sociales, de la protección al obrero, de la dignificación de la especie y de su superioridad racional, como puede ser normal y eficaz que perduren esos sistemas y esas normas tan candorosas y burlescas de una paz literaria y retórica, más eficiente incluso que la guerra.

Es el pueblo, la masa, el productor recuperando su clarividencia, quien puede apagar esos ruidos trágicos y llevar a la realidad las elucubraciones de orates que venimos soportando desde hace siglos. Ya es hora de que demostremos que somos civilizados.

LA TARA ABÚLICA

Firmado por Victoria Zeda y publicado en *Cenit* (Francia), 1957

A pesar de todos los progresos de la época, de un alfabetismo pretencioso y audaz, de las bellezas de nuestra civilización, cantadas con toda clase de alharacas y elogios por doquier, el muñeco humano es una triste figura irracional.

Si nos remontamos al bello espíritu del Quijote, siempre en ideales, por absurdos y risibles que nos parezcan, la situación del hombre de hoy resulta lamentable. Acuciado por infinitos problemas y movido por distintas pasiones y vicios que se multiplican día a día, el tipo maso, multitud, cosa social, nos resulta un simple despojo de la humana grey, de lo que debería ser el pretencioso ente racional.

Y no es que pretendamos magnificar aquí su situación o empequeñecerla, sino que esta se nos ofrece escueta y clara con tan solo contemplar su insignificante estado de títere movido por instintivas apetencias que reducen a la mínima expresión su inteligencia, su voluntarismo, su viveza y su capacidad creadora.

El hombre de hoy, el ente social, el tipo masivo, sin distinción de categorías, castas, clases, posición social o jerarquía mental y docta -las excepciones son siempre justificación de la regla-, es una lastimosa y pobre figura saturada de abulia, rutina y negación dentro de su pretendida y petulante superioridad genérica.

Carecen de iniciativa, de visión bella, de emociones espontáneas y nobles... Son cuerpos vacíos en caletres huecos y sentidos ausentes. Todo lo prefiere hecho, a la medida, sin esfuerzo ni voluntad, como si fuera -y en verdad lo resulta-, un instrumento adaptable a los mecanismos que a su torno actúan; mecanismos que a falta de iniciativa propia actúan por inercia.

Su vida se desenvuelve por reflejo rutinario, no por deseo propio. Tiene marcado día a día, hora por hora, lo que tiene que hacer, de tal manera que está sujeto de antemano al ordenamiento fijado por sus orientadores, sin necesidad de manifestar su propia voluntad.

Está tan vacío, tan hueco, tan abúlico, que salirse de lo trillado le requiere un esfuerzo que es incapaz de realizar. Y sus lapsos libres están también marcados por el carril festivo y dominical, como una estereotipia fatal.

Un domingo sin cine, sin fútbol, sin carreras, sin toros, sin trompadas en el ring, sería lo peor que podría ocurrirle. La infaltable tertulia en el bar de todos los días, sorbiendo brebajes por costumbre, saturándose de aires viciados, de conversaciones imbéciles o chismes sobre todos los tópicos superficiales, llenan el tiempo sobrante. Es de rigor ocupar esos festivos y domingos con la rutina deportista, con las apuestas de siempre, con los espectáculos para abúlicos que el caletre especulador del capitalismo sabe mover para no molestar las meninges ociosas.

¡Qué pobre y triste figura nos ofrece este monigote que, sin embargo, hace gala de su saber, de su cultura, de su desenvolverse en la vida…!

Ni espacios abiertos, ni Natura libre, ni arte superior, ni nada espiritual, emotivo o pensante que reclame un poco de sentido analítico y humano. Nada le saca de su rutina barroca, brutal, vacía, inocua, servil, tarada… ¡Todo prosa, bestialidad, materia vil, sentido mediocre, derroche de un tiempo que es incapaz de emplearlo de otra manera que no sea cosas triviales, tontas, o especulativas relacionadas con el deporte, el cine o los espectáculos comerciales!

La abulia, engendro de la neurastenia y de disposiciones paranoicas, predomina por doquier, y no hay razas, pueblos o naciones que se distingan de otra manera. Solo con excepción, subrayando la regla, podremos aceptar pequeños núcleos que suponen un concepto algo más elevado de la vida racional y humana.

No olvidemos que ese gozar pasional y vicioso que deriva de lo superfluo y bestial del cine, los deportes, las timbas, el toreo, el flamenquismo, las trompadas, las fiestas patrioteras o religiosas, de toda esa legión de "distracciones" y "entretenimientos" sin espíritu ni emociones afectivas, que las masas, los pueblos, las razas y "le troupeau humain", son llevados al matadero con resignación bovina muy bien amasada, negando su condición de racional, de ser pensante y discerniente.

Y pensar que, si esas masas, esos pueblos, esas legiones de monigotes sociales, quisieran o fuesen capaces de actuar en mutuo acuerdo, librándose dignamente de la tara abúlica, a través de fronteras y Estados, su ventura auténtica de ser pensante y volitivo les podría liberar.

Pero la tara abúlica que lo posee, ese morbo, ese estado patológico, le convierte en un títere manejado a gusto por tiranos y mandones que, a su vez, están tan tarados como los regidos, pero sostenidos por un mecanismo de mentiras y por el esfuerzo del conjunto bélico, neurótico.

En el pensar y actuar de todos, especialmente de los que son capaces de producir cosas útiles, está su liberación y el lograr de que la Tierra devenga un lugar agradable para la vida del ser que debe ocuparla y dignificarla.

COMPLEJOS DE INFERIORIDAD

Firmado por Germina Alba y publicado en *Cenit* (Francia), 1957

Desde que la paranoia se manifestó superior a la neurastenia -antes incluso del siglo presente, de progresos y adelantos de toda índole- su poder de dominación de masas ha sido fatal y deprimente para el destino de lo racional.

Actualmente, la supremacía de la técnica sobre la ética, la prevalencia de la especialización sobre la educación, del cientificismo sobre el humanismo, nos ha convertido en juguete del contraste y de la paradoja, y ambas justifican el estado civilizatorio actual.

Es común y corriente, y se estima natural y casi superiorizante, el técnico, el docto, el especialista en cualquier materia que supone estudio, capacidad, saber o inteligencia. Pero al observarles fuera de su "métier", es decir, en su actuación vulgar, familiar o social, se les ve entregados, absorbidos, ganados por lo más trivial, simple, tonto y con frecuencia contradictorio con lo que sus disciplinas deberían marcarles.

Sean pueriles o sean falsos los goces del vicio que se derivan de la ignorancia o al analfabetismo, lo cierto es que los complejos inferiorizantes se observan en infinidad de actos de la vida y de las relaciones sociales.

Viene a cuento esa constatación, al dar con una nota periodística del dibujante Mena[63] en una caricatura muy elocuente, aunque sin palabras, que titula «Complejo de inferioridad», presentando al "pueblo" en toda su heterogeneidad, sin distinción de clases, castas y jerarquías, en plena euforia de "su" cultura y analfabetismo. Todos, naturalmente, menos uno -también naturalmente para justificar la regla-, aparecen absortos en la lectura de los resultados deportivos, bueno, de eso que se llama «deporte», pero que solo lo podría ser para una minoría insignificante, si no fuera un negocio, una industria y, más que nunca, una droga para entontecer a las masas. Mediante sus efectos anestésicos, el poder puede maniobrar libremente en política, economía o espiritualidad, hasta llegar, si conviene a los intereses de anónimas comanditas y "trusts" internacionales, a conducir a esas masas a matarse entre sí, sin importar fronteras, porque el complejo inferiorizante es mundial.

---

63   José Luis Martín Mena (Madrid, 1935 - Madrid, 2006). Historietista. Colaboró con sus tiras con *La Codorniz*, la revista *Semana* y el periódico *ABC*.

Dicho dibujante, en su estupenda caricatura, nos presenta a todos inquietados y "metidos" por el fútbol, menos uno, ¡pobre!, que se le ocurre, en ese tiempo y ambiente tan de época y de espiritualidad, leer Otelo de Shakespeare...

Mena completa esta nota tan real y convincente con otra no menos elocuente y verídica. Aparecen otros personajes, pero hace referencia al mismo pueblo, la misma masa, las mismas clases y castas. En esa otra viñeta Mena representa una Biblioteca Nacional, a priori pensada para difundir sapiencia, pero en este caso, aparecen todos esos personajes entregados a "su lectura", a lo espiritual de nuestro tiempo, esto es, el fútbol, o lo que podría ser lo mismo, las carreras de caballos, las novelas policiales, las historietas imbecilizantes o la cultura masticada que somete intelectualmente al sujeto y a la masa. Una cultura, en definitiva, que no resulta ética, educativa o humana... tampoco, por supuesto, racional o emancipadora.

Si consideramos los distintos elementos que se usan hoy para inferiorizar, adormecer e insensibilizar a masas y pueblos, para opiar con mil antibióticos "culturales" y emotivos, nos será fácil comprender y explicarnos la situación mundial y el estado involutivo que nos conduce al caos.

Antes, un siglo atrás, pongamos por caso, docenas de religiones imbecilizaban a los ignorantes y analfabetos con bajezas, rutinas y estupideces, pero hoy, en pleno uso de progresos, adelantos, ciencias y avances de todo orden, a eso de las ignorancias y rutinas religiosas que causan rencores y guerras inexplicables en este siglo, hemos de añadir y no con disculpas, a esos complejos que señala el caricaturista. El deporte vacuo e incivilizado está mundialmente aceptado y se le da una importancia que aterra.

¿Tiene eso remedio? ¿Se vislumbra un cambio? No quisiéramos pecar de escépticos, pero nos parece bastante difícil que suceda...

ANESTESIA MUNDIAL

Firmado por Victoria Zeda y publicado en *Cenit*
(Francia), 1957

*Neville Chamberlain, conservador preocupado únicamente de
la grandeza británica,
se acomodaría de buena gana con el general Franco
a condición de que éste se separara de Roma.*
S. de la Rochefoucaule. Agosto de 1937

*No nos interesa conseguir amigos;
lo que nos impele a la brega, es la salvaguardia
de los capitales e intereses norteamericanos en cada país.*
Declaraciones de una figura yanqui. Agosto de 1937

La primera de estas elocuentísimas manifestaciones fue
realizada en un momento en que el clima financiero
de la libra esterlina era el dominante en el mundo, si
bien ya en la pendiente de su decadencia, debido a la
guerra anterior. Es por esto que surgió la traición y el
error del "Comité de No Intervención". En España
ensayó su potencialidad y audacia, favorecido por el
apego a sus millones de John Bull que, cegado por el
brillo del áureo metal, no había previsto lo que muchos

veíamos venir, y que resultó su ruina o la causa de su pérdida de poder en la Banca mundial.

La segunda declaración se debe a la actual prepotencia de los actuantes en el área mundial del dólar, que al Tío Sam tiene por regente, apoyado por el trabajo en cadena del taylorismo y de las supuestas filosofías de Smiles[64] y Marden[65]. Cuántos tíos aconsejan a sus retoños a conquistar el Mundo y a su triunfo, "si puede ser, honradamente; si no, de cualquier manera...".

- "Anda, hijo, triunfa"-, tal es la consigna. Ambas inclinaciones y potencialidades, las de la libra y las del dólar, han podido prevalecer y actuar gracias al estado calamitoso de los pueblos, a la inyección de drogas corroyentes en la mentalidad masiva y a la divergencia

---

64 Samuel Smiles (Haddington, 1812 - Londres, 1904) fue un escritor y reformador social escocés conocido principalmente por su obra "Self-Help" (Ayuda propia), publicada en 1859. Smiles fue un defensor del individualismo, el esfuerzo personal y el trabajo duro como medios para mejorar la condición humana y alcanzar el éxito.

65 Orison Swett Marden (1848 . 1924) fue un escritor y empresario considerado uno de los precursores del movimiento de autoayuda y desarrollo personal en Estados Unidos. Fundó la revista Success Magazine en 1897 y a través de sus escritos y conferencias, Marden promovió la idea de que el éxito y la felicidad se pueden alcanzar a través del esfuerzo personal, la perseverancia y una actitud positiva.

y desconocimiento entre sí de las fuerzas creadoras y vitales, manejadas a conveniencia por los interesados en dominar y movidas mentalmente en confusión por cuantos medran al margen y al servicio de la Banca. Se ha procurado despertar el instinto burgués y de menor esfuerzo en las masas, matando ideales y aspiraciones superiores.

Tras la primera guerra mundial, la solidaridad del productor de cosas útiles se quebró por culpa de un verbalismo camandulero. En el caso español, la solidaridad de las fuerzas productoras del Mundo no supieron contribuir al apoyo de los que en Iberia luchaban con fervor, valentía y visión clara hacia la liberación y manumisión de las fuerzas creadoras, en oposición a las que se conjugan y apoyan la hegemonía y el poder de usufructo de lo vital.

Bien es cierto que de las trincheras de 1914 salieron pueblos completamente quebrados, escépticos, morbosos, vencidos unos y otros. Pero cuantos fueron capaces de ver claro en el desarrollo de las luchas de razas, castas y clases, no debieron dejarse llevar por la abulia masiva que provocó la guerra hispana, preparando la segunda guerra mundial, cuyo fin no ha terminado. En el lapso transcurrido entre una y otra, se combina la nueva etapa, sin que los pueblos, las razas, las masas y los que habrán de soportar el golpe, acierten a prevenir y evitar el caos que se avecina, que ya apunta, so pretexto de la paz... a base de armamentos refinados y sádicos.

Y todas estas calamidades posibles han sido y seguirán gracias a la labor de anestesia a que se somete el Mundo y a la intensa sugestión liberatriz que se propala. Unos y otros no perciben que el camino hacia el tembladeral significará el hundimiento de todos los valores, de todos los afanes de independencia y libertad individual y colectiva, de clase y de casta. La caída en el pozo del libertinaje, no puede ser el punto de partida deseado para cuantos se consideran seres racionales.

Durante el predominio de la libra esterlina, la acción anestésica se realizaba procurando dominar económica y financieramente a los países, suministrándoles ferrocarriles, tranvías, usinas eléctricas, sindicatos hidráulicos, gin, ron, tés, Nuevo Testamento, austeridad resignada y todo aquello que pudiera aparentar honestidad y apoyo. Así prosiguió durante años, hasta que la avaricia de John no tuvo freno.

Se produjo lo que todos sabemos, su malhadado comportamiento con los leales de España, por temor a las conquistas y realizaciones y liberatrices de las colectividades de Aragón y Cataluña, arrastrando a Francia en su vesania egoísta, y lo que era de esperar, fue.

Con el actual predominio del dólar, la anestesia manifiesta su afán de penetración y dominio mediante un cine idiota, un deporte bestia, una literatura morbosa, unos conjuntos de negros con toda clase de ruidos y gestos, bailes eróticos a base de bughi bughi o "rocandrole", historietas imbecilizantes, trompadas de brutos, empresas de telégrafos y telegramas, "busines" de todas clases, máquinas pintarrajeadas a base de latas, "ducos" y barnices, mucho whisky, biblia y lemas liberatrices para mujeres y hombres, pero que no sirven para otra cosa que para esclavizar mediante la moto, el auto, la "frigidaire", la lavadora, la cocina eléctrica o la alimentación desvitaminizada en envases relucientes que obligan a echar mano de miles de antibióticos para mantener el físico. Opios de todas clases para la patología de los viciosos que se creen superiores, uncidos por el cretinismo masivo. Todo ello, para evitar que el ser humano reflexione y piense cómo librarse de su fatal destino.

Todo está organizado de maravilla para que la más bestia de las bestias no repare en cuanto le rodea, satisfaciendo solamente sus instintos, pasiones y vicios, perdiendo el tiempo que debería destinar a dignificarse. El pretexto del arte y la espiritualidad, es en el fondo el mito de una cultura cada vez más lamentable.

Y las razas y etnias de todos los continentes contemplan idiotizados esa competición de autodestrucción mutua. Este es el campeonato que faltaba a la euforia deportista y bestia que enceguece a los pueblos. La anestesia que faltaba para que los destinos de John Bull ayer, y del Tío Sam, hoy, se conviertan en una realidad gozosa que satisfaga a todos.

EN EL ÁMBITO DE LA PARADOJA

Firmado por Dr. Frank Aube y publicado en *CNT*:
Órgano Oficial del Comité Nacional del M.L.E
(Francia,) 1957

La sociedad actual está tan bien organizada por sus dirigentes y vividores, que escapa a toda acción de las masas, por más evidentes que puedan ser los contrastes.

Estamos tan protegidos y salvaguardados, que quien sea capaz de negarlo será tratado con desprecio e indiferencia, será insultado y descalificado por una multitud que se siente protegida y defendida de todos los males que acechan. Nuestra vida es muy preciada y los caletres sabios buscan y encuentran todos los elementos precisos para su amparo y protección, desde el trasplante de vísceras y miembros, las curas de todas las dolencias, las reparaciones de todos los desperfectos con un ortopedismo maravilloso, hasta el hallazgo de linfas, concentrados y antibióticos para todos los gustos, con nosocomios, sanatorios y cuanto se requiere para los tratamientos.

Eso no significa que no aumenten día a día los elementos destructivos, se tramen guerras, se organicen batallas en defensa del amor patrio y se preparen peleas entre racionales de todo el mundo. Todo ello es fatal e inevitable en esta civilización super-lograda... Nada de eso afecta a los intereses patrios. Las ambulancias y los curadores irán tras los combatientes y les aplicarán los formidables inventos en el caso de sobrevivir o se les ungirá héroes nacionales, que es lo máximo a lo que puede aspirar todo ciudadano culto.

En este punto, pues, estamos bien protegidos. Pero como esto no es fortuna de todos los días, ni está al alcance de todos los pueblos aspirar a tal gloria, los inventos y hallazgos de la ciencia están disponibles para todos.

La vida es cosa muy seria, tanto como las razones económicas y sociales del individuo y de los pueblos, y de ahí que, día a día también, surjan de la inventiva sabia, las "trouvailles" que, a la vez que bregan para los placeres de la colectividad, afirman la solvencia económica de una infinita variedad de inventos de fácil manejo.

Y entonces surgen los programas para facilitar la vida de los alimentos en cámaras frigoríficas, en aparatos eléctricos caseros, y elementos preciosos para la economía del hogar, dando rienda suelta a la especulación de los industriales. Claro, no faltan los descontentos que señalan sus defectos y prejuicios, pero si antes los alimentos se guardaban en cuevas y grutas, si el nómada legendario, en su deambular, sabía retener provisiones en distintos lugares del camino, ¿por qué hoy no hemos de guardarlo mediante el frío?

¿Que se averían, se descomponen, se desvitaminizan y son causa de infinidad de dolencias, epidemias y enfermedades? Ahí están los fisiólogos, biólogos, higienistas y terapeutas para capear esos supuestos males, junto con los millares de drogas y hallazgos farmacópeos, químicos y de laboratorio que ayudarán a salvarnos y protegernos... Casi siempre se agrandan y magnifican los efectos de las cosas por las que sentimos pasión y que los técnicos del saber también utilizan, como alcoholes, drogas, tabacos, linfas y cuanto diz puede perjudicarnos. Contamos con los elementos protectores y profilácticos que nos salvan. Pero, sin embargo, no contamos con reservas mentales que breguen por evitar todas las guerras.

El pro y el contra han sido siempre motivos de debate y como la importancia de los contrarios, no puede ser negada. Así que, si la paradoja es lo esencial de la vida, no nos inquietemos y asumamos que la salud y la matanza son conjunto continuado, tanto más, cuando es amparado, defendido y propiciado por mentes sabias que ratifican un alfabetismo del todo eficaz y cierto. Pero, naturalmente, ante la realidad cierta y comprobable, cabe señalar la paradoja que, aunque la vida y la salud son valores a considerar y sostener, se sigue trabajando en procura de los elementos más refinados y extraños, difíciles y costosos, para lograr el aniquilamiento de los pueblos, de manera que los traficantes de armas se hagan de oro. Todo para sus fines de tarados y para sus morbosos goces.

INFECCIÓN PSÍQUICA MUNDIAL

Firmado por Albano Rosell y publicado en *Solidaridad Obrera* (Francia), 1957

En todo estudio médico la psicosomática debe de prevalecer. Es un componente de lo humano, sin distinción de castas, clases, razas o países. Los temas médico-sociales no deben reducirse al estudio escueto de los casos mórbidos y sus soluciones, sino a lo que resulta de la vida en toda su heterogeneidad actual. Digámoslo claro: el descalabro psíquico se traduce en infinidad de dolencias o taras cuya prevención, curación o eliminación, son más de orden moral y social que de orden físico o clínico. Sus causas radican en los quebrantamientos, nervios y vacíos mentales que embargan al sujeto. Es el estudio de una histología razonada. Por eso, la psicosomática debe prevalecer cuando nos referimos o estudiamos síndromes más de carácter sociológico que físico.

Todo ello incide en el conjunto social, familiar, ciudadano o nacional, y, en definitiva, en todas partes donde las masas estén opiadas y bajo la jerarquía de unos tarados con todos los complejos imaginables. Esto es algo que no pueden resolver ni los psicoanalistas. Las fuentes morales, sociales, políticas y culturales, convierten al hombre bueno en escoria preso de la masa, del rebaño o de tantos grupos pedantes, engreídos yególatras... Esto pasa en todos los países, sean cuales sean sus creencias, sus formas gubernamentales, sus conceptos éticos, sus normas de convivencia y sus jerarquías e instituciones. En todos hay manifestaciones de euforia babieca, sin norte, voluntad ni ideal.

Ricos y pobres, alfabetizados e iletrados, sabios o ignorantes, selectos y del montón, doctos y neófitos, todos, en fin, reunidos en rebaño, masa o multitud, obedecen al mismo instinto de lamentable nulidad.

Cualquier estupidez presentada como acontecimiento -y en eso se siente muy a gusto el sistema actual para quebrar o evitar protestas y rebeldías- sirve de exponente para comprobar toda la memez, toda la tontera, toda la imbecilidad e irreflexión de los pueblos, de las naciones o de los Estados. Sus ciudadanos contingentes, anestesiados previamente por infinidad de dictámenes, no se distinguen de la masa ni desentonan del conjunto.

Estos conglomerados de idiotas forman coro alrededor de una "estrella", de un "astro", de un diestro, de una tonadillera, de un cantor, de un obispo, de un militar, de un gobernante, de un campeón de no importa qué, de una "miss", de una "reina", de una procesión, de unas carreras, de unos campeonatos, de una parada militar... de cualquier cosa que se presente como superior, espiritual y con toda la teatralidad requerida y la retórica necesaria para el éxito. Las masas se entregarán sin reparo.

Y es fácil que esa organización logre sus objetivos y que nos veamos presenciando cualquiera de esas espectaculares ostentaciones. Lo mismo el proletario que el misérrimo, sin que ni uno ni otro pueda explicar la utilidad que tiene todo esto, a no ser que la finalidad sea el opiante efecto y la conveniencia económica y psicológica de un capitalismo y un Estado del todo orientados a su prevalencia y afirmación.

Y esas masas proletarias misérrimas se preparan para intervenir si no como actores, como comparsas en tales manifestaciones. Y copian las costumbres de las pandillas tenidas como selectas en cabarets, salones, casinos, ruletas, estadiums, bares, tapetes verdes, prostíbulos, whiskerías, salones de té, bailongos y todos aquellos lugares que utilizan el goce y la escoria viciosa, vaga y tarada de la highlife. Esos conjuntos de gigolós y pitucos de invertidos y andróginos, esos productos de semen confundidos en coitos de bacanal, incestuosos, paridos en lechos de plumas, que se distinguen por sus borracheras selectas; orgías, expansiones de degenerados, engendro de matronas que han probado todos los placeres y vicios en burdeles aristocráticos, largando los retoños adecuados para proseguir el desmadre de las razas y de las éticas, despilfarrando todo lo que le falta al pobre que tratará de copiar sus diversiones y sus vicios. Nicotínico, trismos y borracheras, aunque sea para olvidar las angustias que son incapaces de hacer frente con impulso razonado y consciente. Gente corriente y cretina que imita en vez de superarse con una conducta y conocimiento propio de humanos.

Esos chapoteadores de lodazales del ocio que se mueven y forman legión en todas las naderías polícromas, son luego terreno fértil para la siembra de todas las especulaciones económicas del comercio y la industria que todo lo curan y que son a millares para todos los gustos y casos. Linfas, somníferos, calmantes, excitantes, emolientes, antibióticos o barbitúricos. Estupefacientes que los discípulos renegados de Hipócrates aplican y admiten con tal de vegetar, muchos de ellos formando número "dans le troupeau" para poder llegar, como el productor, como el profesional o como el piojo resucitado, a la posesión de todas las comodidades que se prestan para lucir el vehículo motorizado que los lleve sin molestias. Estos entes abúlicos, no llegan a concebir razones, su carencia mental, sus cerebros con meninges, sus angurrientos pensares, son los adecuados para su explotación y servilismo.

De vez en cuando, en ese mundo podrido, hay escapes nefríticos que ponen al descubierto a todo ese conjunto de jerarcas en sus repugnantes degeneraciones y bajezas de viciosos, como en estos momentos se aprecia en el caso de W. Montesi[66], que se ventila en Italia desde hace tiempo y en el que cada vez se llega más profundamente en la remoción de los humores patógenos que se mueven y que son difíciles de aclarar justamente por hallarse entre las distinguidas clases selectas.

Hoy hay una industria y un comercio que aniquilan los físicos y cooperan enriqueciéndose con el visto bueno de científicos que no pasan de ahí, facilitando los calmantes para los desequilibrios nerviosos y biológicos. Mediante bromuros, quinas y opios terminan con el dolor del sujeto, pero no así reparan en todos los casos dignos de ser estudiados por los investigadores.

---

66 Se refiere al Caso Montesi, escándalo público ocurrido en Italia en la década de 1950. Recibe su nombre de la joven italiana Wilma Montesi, cuyo cuerpo fue encontrado en una playa cercana a Roma en abril de 1953. El Caso Montesi provocó un gran debate y controversia en la sociedad italiana, y se convirtió en un símbolo de los problemas de corrupción y abuso de poder en el país.

Rijan los pueblos, dictan normas de conducta, desatan asesinatos colectivos y crean un clima falso de conceptos morales que nada tienen de humanos y racionales.

Este es el panorama mundial que prevalece sin que las aguas contaminadas puedan ser saneadas. Las minorías, los insignificantes núcleos de esclarecidos, de filósofos, humanistas, sociólogos, psicólogos y científicos, son arrollados por esos conjuntos masas y rebaños que se declaran inconscientes y bestias hacia las infecciones psíquicas que pudren el mundo actual.

MOJONES Y LÍMITES

Firmado por Victoria Zeda y publicado en *Tierra y Libertad* (México), 1957

Ha surgido hace tiempo el movimiento de la Libertad de la Cultura, que podría resultar el punto de partida de una labor necesaria y posible, siempre que todos los sectores interesados en ella, es decir, intelectuales y artistas, demuestren en la actuación pública -y lo "privado" incide en el valor y valer del sujeto-, su convicción con los objetivos de la misma.

Pedir consecuencia, fidelidad, práctica y cumplimiento de los propósitos a los que nos decimos afectos, no es nada del otro mundo, y debe constituir el timbre de honor para todo aquel que se siente afín al ideal, no por mera ostentación, vanidad, egolatría, sino como resultado de una convicción.

Tampoco debemos olvidar que todos los regímenes de fuerza, totalitarios, seudodemocráticos y pretendidamente populares, lo primero que procuran es hacerse con figuras de la cultura para dar visos de tolerancia, aprecio y validez a su tiranía. Así lo vimos en todos los ensayos del pasado cercano: Italia, Alemania, Portugal, Perú, Cuba, México, Uruguay, Paraguay, etc., y así lo vemos hoy en Argentina, Venezuela, España,

Nicaragua, China, India, Yugoslavia, Rusia, etc. En todas partes hay afanosos de notoriedad capaces de arrodillarse ante el amo y de justificar servilismos. Son todos unos cretinos útiles.

Intelectuales y artistas más o menos auténticos forman en la corte de dictadores, de totalitarismos y de democracias supuestas auténticas, y si bien ello es casi necesario como marca de la mercancía que se exhibe, el exceso de tolerancia o de bonhomía candorosa suelen hacer olvidar tales errores.

No es posible disculpar ni desatender errores, fallas o tolerancias que significan mella doctrinaria, de credo o de visión política y social. A las democracias, a las instituciones de siglas significativas o pretendidamente avanzadas y con propósitos alentadores de justicia, libertad, derecho y paz, no se les puede perdonar errores ni traspiés en cuanto se desvían del propósito y apuntalan tiranías y regímenes contrarios a los fines que dicen defender.

La "no intervención" en la guerra de España fue un error imperdonable. El actual reconocimiento y apoyo al tirano, so capa de hispanidad, tampoco puede considerarse como un hecho normal, lo realice el Vaticano o Inglaterra, Estados Unidos o cualquier otro estado seudodemocrático. Las relaciones amistosas, entre naciones liberales o dictatoriales tampoco es buena señal; ni tranquiliza ni da esperanzas. Y lo que ocurre con los pueblos, los estados y las organizaciones políticas, suele ocurrir con los individuos, por más que la vestimenta y los propósitos lo disimulen.

Ya se sabe que por el fruto se conoce al árbol, y si el fruto está por dentro podrido poco bueno puede esperarse, aunque aparente salud y vitalidad por fuera. En el ABC de Madrid se publicó un reportaje sobre la Exposición Internacional de Prensa, donde participó una conocida dama uruguaya -novelista, dramaturga, poetisa, etc.- que, ostentando la representación de la Unión Cultural Americana, el diario "El País" y la Asociación General de Autores del Uruguay, e invocando a la Asamblea General de la UNESCO —UN ASCO, como se ha visto en hacer en Montevideo—, hizo unas declaraciones deleznables que nadie de los asistentes ni del propio diario se encargó de desmentir. Ya hemos visto errores de este calado en otros diarios, asociaciones, grupos o personas, así como actitudes y declaraciones en organismos oficiales o civiles que contradicen los postulados que dicen defender. Y lo triste es que, luego uno tiene que ver a dichos teóricos de la libertad y democracia -teóricos, porque cuando hay que demostrarla, no son capaces de hacerlo debido a los intereses políticos o económicos que tienen detrás-, figurando en Comités de la Libertad y de la Cultura, como se ha comprobado en el Uruguay. Se ve que la poesía es una cosa que por más que cometa errores, siempre se le disculpa.

Se producen hechos en la vida del hombre público y libre que destruyen todos los decires y buenos propósitos. No cometerlos, cuidar bien sus actos, tener noción de su responsabilidad y de todo lo que implica convicción ideológica, sentimental y humana, es lo más delicado y lo máximo que se les puede exigir si pretenden ir contra la dialéctica difusa y la contradicción hiperbólica. De lo contrario, se cae en la estúpida proclama que sigue consejos sin detenerse en el análisis de sus actos. Y eso, francamente, bien poco dice en favor de la cultura y de la libertad, que deben ser realidades vivientes en todos los aspectos del luchar, y no como ostentación de postulados falibles a la primera de cambio, por mor del lamentable *vanitas vanitatum* de muchos "intelectuales".

Es preciso señalar mojones y límites a las verbas demasiado fáciles, y eso en todos los ideales que signifiquen o aspiren a la redención.

ESTO NO ES PARA TI, PRODUCTOR

Firmado por Dr. Frank Aube y publicado en *CNT*: Órgano Oficial del Comité Nacional del M.L.E (Francia), 1958

No es para ti, aunque tú lo hayas creado. Lo que creas sirve para hundirte y aniquilarte en todos los frentes de la perversión en que ha caído la burguesía, el capitalismo, la teocracia y los mandones.

No es para ti, y bueno sería que no esperases a que lo fuera, si de veras anhelas una digna, fervorosa, razonable, lógica y digna vida como ser racional hermanado con la Naturaleza.

La riqueza, el capital, los valores eficientes que tú produces, son empleados por los intermediarios después de darte una insignificante parte para que puedas seguir produciendo. Son los mismos que tienden a imponer normas, costumbres y sistemas que en nada mejoran ni ponen en valor la razón del ser racional.

Se te distrae inclinándote hacia cuanto puede hacerte insensible al dolor y al valor de tu vida, para que los que medran con tus distracciones y vicios puedan maniobrar mejor, logrando así que el disimulo de un proletario ágil, inteligente y vivaz, aprecie lo costoso de una burocracia inútil y lo innecesario del manipuleo pernicioso de intermediarios haraganes y rapaces.

Se desprecia la labor manual, el trabajo ennoblecedor, fecundo, positivo... Cada día aumenta el ejército de empleadillos, hasta el punto de que los hombres influyentes, los que pueden facilitar un puesto, son acosados por esa avalancha pedigüeña, por ese ejército de burócratas chupadores del Estado, del dinero público que cada día se derrocha más. Esa legión oficinesca tiene como ideal llegar a una pensión o a un puesto de funcionario para no perder el derecho a la jubilación, al retiro, y en el que dejará jirones de dignidad y nobleza si la tiene, además de su libertad y su yo. Entonces, ya no es el individuo que obra y piensa, es el esclavo sometido al pensar mecánico, al accionar gangoso y regular de una administración uniforme, que no exige más de sus subordinados que las funciones que ejerce el eje engranado de la máquina central.

Y ese ejército parasitario, absorbente, gastador, es el que se solaza con todo lo vacuo y tonto que consume tiempo e idiotiza a los seres con el afán de que nada estorbe a los manejos que operan en beneficio de los más atrevidos y audaces.

Pero eso no es para tí, productor, a pesar de que lo creas, no lo es, porque tu emancipación, tu liberación, tu dignificación radica en el valor propio, en el concepto de una vida que te une con tus descendientes y que pueda ostentarse como símbolo de ser racional, como exponente de una honda y recia personalidad; como ente superior y superado de acuerdo con el motivo de su existencia.

Y menos es para tí, proletario, por más que lo presenten como algo placentero y gustoso, todo ese supuesto alimento, todos estos compuestos nutricionales, todos estos manipuleos comestibles y bebibles que no interesan al organismo para su perfecta y normal biología. Lo artificializado, aderezado y excitante conduce a estados patológicos que reducen al humano, a una pobre cosa pasional y degenerada, cuya nosología deviene vasta para su fin.

Tampoco es para ti, productor, cuanto produces de bello y bueno, de útil y fecundo, de honorable y necesario para el bienestar de la especie, porque todo eso te lo estafan quienes saben despertar tus bajas pasiones y tus bajos instintos. Ellos aparentan ser seres superiores para justificar esas apropiaciones al verdadero creador y a quien más merece disfrutarlo. Lo hacen mediante un salario que ni es justo, ni compensatorio para una economía humana y digna.

Si quieres conquistar tus derechos, tus libertades y tu derecho al disfrute de cuanto creas útil, bello, digno y vital, empieza por hacerte de un carácter, una voluntad, un temple y una dignidad, que te lleven a liberar tu economía y vivencia de todo lo innecesario, dañino, perjudicial y deprimente. Es decir, de todo el vicio que se te ofrece cuanto de vicioso, tanto en lo mental, como en lo biológico.

Para crear y poder vivir en un mundo libre, debes empezar por liberarte tú mismo de cuanto esta sociedad burguesa, capitalista, mediocre, compleja, felona y degenerada, te ofrece como venturas para mantenerte en inferior y esclavo de deseos artificiales. Para recuperar tu lugar en la vida debes saber ser tú mismo, esto es: conocerte, apreciarte, tener una noción digna de lo que implica ser un ser pensante y racional.

Procura, pues, saber elegir por ti mismo el camino de tu redención, así como los elementos de tu fortaleza como ser natural e íntegro.

EL OPIO POLÍTICO

Firmado por Victoria Zeda y publicado en *Cenit* (Francia), 1959

Desde tiempos lejanos los pueblos se ven dominados por traficantes de la política, un opio que llevó al dictado infinidad de decires, que produjo una lamentable acción de las masas gregarias, que en tantos lugares llevan a cabo sin reparo y sin estudio, cada vez más dominadas por consignas absolutamente estrafalarias. En la historia política de los pueblos se registran ejemplos de digno exponente de sinceridad y nobleza, pero todos ellos constituyen la escasísima excepción que confirma la regla. Se ha dicho que la política es el arte de gobernar y administrar los pueblos mediante leyes, pero, al mismo tiempo, Franklin señaló que "las leyes son telas de araña que los moscardones rompen, pero que atrapan a las moscas"[67].

Se ha dicho también, que los pueblos tienen los gobiernos que se merecen, y ello puede ser cierto en

---

67 Rosell se confunde con la cita y con su autoría. La frase correcta es "Las leyes son como las telarañas que cogen a las pobres moscas y dejan pasar avispas y abejorros" y su autor, Jonathan Swift, escritor satírico irlandés autor de la novela *Los viajes de Gulliver*.

virtud de eso tan incongruente de las democracias y del universal sufragio, que hace que tenga el mismo valor el voto del vago, del degenerado, del vicioso, del explotador o del hampa, que el del honesto productor, sano y libre. Todo ello, como señaló en su día la infortunada Hildegart[68], facilita que se produzca el "cóctel" adecuado para que se formen "partidas" en lugar de partidos de solvencia y responsabilidad, y manejen a gusto fondos sociales y públicos.

El político menos político de cuantos pudo haber, y me refiero al ilustre Pi y Margall, ya señaló al final de siglo que, en las agrupaciones políticas y en los partidos organizados para la conquista de puestos de mando: "por cada hombre leal, he encontrado cien traidores". Y si bien pudo referirse solamente al caso español, hemos de convenir, y la historia lo repite hasta el presente, que ello es común a todos los bandos políticos. Por doquier, las directivas de tales agrupaciones, conjuntos,

_____

68 Hildegart Rodríguez Carballeira (Madrid, 1914 - Madrid, 1933). Feminista y política española, Hildegart Rodríguez se convirtió en una figura destacada del movimiento feminista en España. Militó en Juventud Socialista, en el PSOE, en la UGT y en el PRF. Defendió la emancipación de las mujeres y abogó por su participación en la vida política y social. A pesar de su corta vida, tuvo un impacto significativo en la lucha por los derechos de las mujeres y en la política de su tiempo

partidas, pandillas y caudillajes se centran en el propio beneficio, incidiendo siempre en las finanzas del país en que actúan estos patriotas de pacotilla.

Solo con mirar el panorama político de todos los países, tanto los regidos por democracias como por dictaduras, por monarquías como por socialismos, por presidentes como por totalitarismos disfrazados, comprenderemos el peligro que significa confiar en los profesionales de la política el destino de los pueblos.

Son todos unos profesionales perfectamente comparables con los profesionales del crimen y del militarismo inútil y maligno; con los profesionales del misticismo, de esas religiones que millares de vagos fomentan y sostienen; con los profesionales del derecho, tramposos del regirse de la sociedad; con los profesionales de la economía, estranguladores de la vida de la gente solo para su propio lucro; con los profesionales del comercio y de la industria, lindando con el crimen por los vicios y engaños que los sostienen... Todo eso, tan patente y que con tanta facilidad domina al pueblo, es el mal que el productor de cosa útil debe saber irradiar, librándose de todas las promesas de venturas que reclaman su apoyo mediante el voto; es el opio del que es preciso huir si no se quiere ser cómplice de las esclavitudes y engaños que de ellos se derivan.

El productor de cosa útil, ungido a un horario y a un servicio de utilidad social, nada puede ni tiene que esperar de estos profesionales. Debe procurar ser digno de sí mismo y permanecer lejos de cuantos se lucran en ese juego de democracias y regímenes dirigidos y ordenados por mediocracias y degenerados, esquizofrénicos personajes de sainete que provocan la tragedia de los pueblos que confían en ellos.

No hay que olvidar que tales sujetos sólo aspiran a su propio placer. A los pueblos los amenazan, los estafan y les provocan peligros estratosféricos que mantienen en tensión la vida de su población, opiada y sin rumbo por culpa de estos falsos redentores.

Si quieres liberarte, sé tú mismo, paria.

EN EL VACÍO

Firmado por Dr. Frank Aube y publicado en *CNT*:
Órgano Oficial del Comité Nacional del M.L.E
(Francia) 1959

El Mundo Capitalista, hoy por hoy predominante en
todos lados, está de enhorabuena en cuanto a su relación con lo humano. Nadie puede negar, y sería tonto
no reconocerlo, que día a día, el espíritu capitalista, el
sentido del "money" y todo cuanto ha creado la economía y la banca -dinero contante y sonante, valores
fiduciarios, inmuebles, industriales, comerciales, etc.-
ocupa un lugar central en el vivir ciudadano, que lo
asume con euforia y total conformidad.

Y nadie puede negar que los resultados cumplen una
acción paralela a la que periódicamente realizan todas
las hecatombes mundiales, sean guerras, catástrofes,
inundaciones, incendios, estafas, vicios, degeneraciones, robos, contrabandos, quiebras y cuantas maldi-
ciones se pueden imaginar los hombres con el afán de
conseguir, acumular y despilfarrar eso tan codiciado
que todo lo puede.

Y ese monigote que se estima superior a las bestias
-letrado o analfabeto, sabio o ignorante, consciente o
irresponsable, equilibrado psíquicamente o paranoico,

complejo o normal- sigue con ritmo idiota, pendiente en el vacío, su sentido de superioridad banal e inconsciente; siempre fomentando un capitalismo incapaz de ser ético en lo estético y en lo vital.

Y son los países "civilizados" y ricos los que dan la tónica feliz. Y es en esas ciudades de esplendor, regocijo y lujo, donde más se advierte el ritmo cada vez más acelerado del "homo sapiens" hacia el vicio, tal y como queda patente en los nocturnos tugurios, lugar distinguido para el simio decadente y putrefacto.

Como cada año, las estadísticas han revelado la idiotez y el cretinismo dominante en los ciudadanos. Norteamérica asume el récord, con millares de accidentes mortales por culpa de la rutinaria, tradicional e ignorante celebración de festejos navideños, de fin de año y de reyes... Les siguen, naturalmente, otras ciudades tan prósperas como mediocres.

Pero lo más notable de la caída del despojo humano hacia su "no ser", es la constatación de los millares de suicidios que médicos, psicólogos y sociólogos de distintos países han estudiado para evitar su propagación en países y en sectores sociales que poco sospechosos de tener privaciones materiales, o de vivir entre miseria y la ignorancia. Es en la "alta sociedad" y entre la clase media donde el furor suicida tiene mayor éxito, y las causas son el vacío vital, las vidas sin objetivos y el "tedium" que la vida moderna infiltra en el individuo, parásito de sí mismo por hallarse en posesión de un saber, una cultura y un ambiente de total frivolidad y dejadez personal. Todo ello da sujetos sin voluntad, sin temperamento, sin aspiraciones, es decir, seres en el vacío de su vegetar y de su humanidad, lo que les convierte en autómatas y en deshechos sociales. Al notar la falla, al ver que sobran, el suicidio es su dilema. Y es inútil que el psicoanalista se devane los sesos y haga equilibrios dialécticos para develar tal psicosis, pues el origen de la tendencia suicida radica en ese vivir hueco, frívolo y pueril que provoca el capitalismo en todo su esplendor.

Y no nos quepa duda de que otro aspecto del suicidio a que el hombre común se somete sin cuidado, es ese afán devorador de distancias y espacios; ese ritmo vivo y constante de lo motorizado, de lo mecánico y de lo arbitrario que nos obliga a vivir sin pensar y sin gozar del medio y de la Naturaleza. ¿Cómo es posible que el títere racional de nuestro tiempo haya podido llegar a tal estado de "no ser"?

La causa del descalabro presente es este Mundo en crisis ética y pensante, este maleficio que invade la Tierra desde hace una eternidad; esta caída al vacío tan acentuada desde 1914 y hasta hoy. Todo ello ha contagiado a los pueblos y se ha hecho patente en todos los continentes a través de peleas, totalitarismos, políticas crepitantes y toda una escoria gregaria y esquizofrénica, pedante y fanfarrona,ególatra y antropólatra que se viene incubando para ejercer hegemonía sobre lo cuerdo y sensato.

La misérrima moral, psíquica y física que ha invadido a los seres sin voluntad y sin carácter, sin fluidez para defenderse, envenenados con hormonas, queda plasmada en una literatura viciosa, procaz y repugnante; en unas costumbres de paranoicos; en unas viciosidades veladas con propósitos comerciales; en un vivir y actuar desintegrado de todo el afecto propio de los seres libres; en la voluntaria esclavitud a todos los vicios, también fomentados por industrias, comercios y especulaciones capitalistas; en el despego de lo humano para rendir culto a lo fugaz y variable que domina a sabios e ignorantes, a letrados y doctos, a clases populares y medias, aristocráticas y burocráticas. Todo conduce a la eliminación voluntaria de los individuos.

Y lo lamentable es que no surgen individuos, núcleos o asociaciones que sepan o aspiren a salvarse de esa caída al vacío capitalista, pues ni dogmas, ni religiones, ni teorías más o menos pretenciosas pueden salvarnos. Lo único que puede salvaros es el "res" que evidencie la realidad patente y vital que demandan los tiempos, para quienes, conscientes o voluntarios, deseen salir de ese círculo vicioso y fatal que circunda los pueblos, las razas y los continentes.

El fracaso del Capitalismo desbordante como rector del destino humano debe ser superado por un Obrerismo libertario que sepa vivir y desenvolverse por sus propios medios, por su contribución física a la Vida, por su pensamiento racional y su músculo solidario en provecho de todos.

CIVILIZACIÓN Y BARBARIE

Firmado por Albano Rosell y publicado en *Cenit* (Francia), 1961

Una feliz casualidad hizo que tomara relación con un incaico, Garbi, que pasó unos años recorriendo Europa y otros países civilizados. Después de algunas observaciones finales en ciudades americanas, cercanas a su añorada residencia de tribu india, retornó amargado y escéptico a sus lares.

En una ocasión, fue inquirido por un amigo de tertulia, que distinguiremos con el nombre de Cívico. Como tuve la oportunidad de transcribir todo el palique, que estuvo muy interesante, ahora lo publico aquí. Sus observaciones sinceras son las de un ser no contagiado de nuestras rutinas, abulias y preocupaciones de ciudadanos mellados por corrientes irreflexivas y carentes de análisis.

No desperdiciamos la oportunidad para preguntarle al nuevo amigo por los motivos que le hacían repeler nuestra civilización, sus progresos, sus luminosos avances en todos los órdenes del saber, y especialmente, en nuestras normas y maneras de enfocar y desenvolver la vida, así como los regímenes políticos adoptados y su aplicación.

Entrados en afectuosa camaradería, le manifestamos nuestra sorpresa. Millones y millones de seres civilizados, racionales y cultos pueblan hoy los emporios de esplendores, progresos, adelantos y maravillas de nuestro Mundo. Aunque a priori son ciudadanos normales y eufóricos, conformados y libres, nuestro amigo venido de agrestes zonas no tenía la misma opinión.

CÍVICO. — Garci, me desorienta — le dije — tu decisión de marcharte. No me explico que rehúses nuestras venturas, adelantos y progresos.

GARCI. — No me complacen vuestros mitos, ni la fácil difusión de la psicosis que os perturba, ni los engaños y mentiras que sostienen vuestra resignación.

CI. — Pero ¿acaso has observado y analizado de manera imparcial nuestro modo de vida?

GAR. — He pasado casi quince años de los vuestros en distintos ambientes y medios. En ellos he observado y he juzgado desde mi albedrío vuestra conducta, cultura, para entender cómo se administran, rigen y actúan vuestros pueblos. Creo que son suficientes para formarme un criterio y tomar una decisión sobre si me conformo con ello o resuelvo irradiarme, pero no con la conformidad del resignado, sino condoliéndome del tiempo invertido, el que me obliga a tomar a chacota vuestros lamentos y vuestras protestas carentes de impulso y perseverancia.

CI. — Caramba, esto ya es una crítica a nuestra forma de vida bastante grave. ¿Qué ha visto en nosotros que le haga pensar eso?

GAR. — En los refugios apartados donde habitan nuestras tribus, llegaban de vez en cuando vuestros emisarios en busca de plumas, papeles, semillas, flores, plantas, etc., que intercambiaban por cosas que necesitábamos nosotros. Era gente que llamaba la atención por el contraste con nuestras maneras y costumbres. Ello despertó mi curiosidad y mis impulsos de ver, palpar y vivir todo aquello lejano y misterioso. Hablaban de matanzas, crímenes y guerras entre ellos, lo que llamó mi atención y despertó aún más mi curiosidad y ansias de conocer. Había cumplido ya más de setenta estaciones, esto que vosotros llamáis un año cada cuatro, y me creí capaz de afrontar la audacia de conocer vuestros poblados a pesar de los peligros que conllevaba la aventura. Mi gente estimaba que era peligroso y no me concedieron el aval que les pedí, pero resuelto a llevar a cabo mi viaje, me escapé junto con uno de aquellos emisarios.

CI. — Algo así es toda una audacia para un joven agreste o salvaje, como debía ser entonces.

GAR. — Mi voluntad pudo más que la afección a los de mi tribu. Salí provisto de algo que pudiera interesar adonde llegara y proporcionarme algunos recursos. Llevé conmigo plumas de vistosos tonos, unas pieles de animales y algún tejido realizado por antiguos incaicos, todo lo cual, al llegar al puerto de Valparaíso, había desaparecido ya de mi alcance. Fue el primer recibimiento de vuestra querida civilización; todo me fue robado por aquellos hombres que me admitieron en su barca, hombres de negocios, que me dejaron con lo puesto, vestido ya de acuerdo con la nueva modalidad, pues mis vestimentas indias las había guardado al sospechar que mis acompañantes me hubieran exhibido ante la gente como ejemplar raro. Confié que mis rasgos - facia, pigmentación, pómulos salientes- irían disimulándose con el tiempo.

CI. — Realmente su llegada fue poco prometedora.

GAR. — Ya le digo. Fue lo primero que aprendí de vuestra cultura: el robo y la sustracción. Comprendí que debía orientarme y valerme por mí mismo. Empecé trabajando en un negocio de baratijas explotado por un hombre cuyo criterio era solo la ganancia segura. Para él yo solo era una atracción curiosa. Mi afán era captarlo todo de vuestra civilización, seres y cosas, cultura y progreso, todo lo que pudiera servir de contraste con lo visto y vivido entre los míos. Por el momento, para valerme de mí mismo, decidí llevar a cabo una labor ambulante.

CI. — No está mal. Valerse de uno mismo y ser libre es un avance y un mérito entre nosotros.

GAR. — Comprendí que, si quería observar las grandes ciudades, era preciso obtener un aval de vuestra cultura. Traté, pues, de conocer a fondo vuestras lenguas, conocer vuestras letras, indagar en vuestros afanes. Aprendí a leer y escribir según vuestros métodos y normas, y el horizonte fue despejándose, lo que me permitió, siempre gracias al trafiqueo ambulante de pequeñas cosas, desplazame de ciudad a ciudad, de continente a continente, compulsando costumbres, formas de hacer, maneras y conductas. Estuve siempre observando a las masas, a los pueblos, y a esos conjuntos-ciudades que, en rigor, no merecen la pena ser tomados muy en serio.

Cl. — Cómo es eso... En nuestros pueblos hay siempre un fondo de superación y un espíritu libre y libertario...

GAR. — Puede, pero yo no lo capté jamás.

CI. — ¡Oh, Garci! Te admiro, pero a la vez te compadezco. Creo que no nos comprendes...

GAR. — Gracias, pero no envidio en absoluto vuestros supuestos placeres, ni acepto vuestras intermitentes venturas...

CI. — ¡Pobre Garci! No supiste comprendernos.

GAR. — Vi en vuestras nutridas ciudades algo que contrastaba con lo que yo había vivido en mi tierra...

CI. — ¿Y eso no mejoró tu opinión?

GAR. — Todo lo contrario. Aun contando con amplios y bellos paisajes, con extensiones de naturaleza vivaz y fecunda, preferís vivir en nichos o jaulas rascando el cielo, siempre apelotonados, como rebaños; os desplazáis enjaulados, sin gozar de las bellezas de la Naturaleza y sus matices, accidentes, líneas, planos y horros de sensibilidad. Estáis satisfechos en vuestros tugurios de lujo o de miseria, destinando las noches a vivir entre lupanares, lenocinios, prostíbulos, borracheras de champán, whiskys y alcoholes, o metidos en ruletas, cabarets y boites donde el sentido humano desaparece sumido en degeneraciones que la razón rechaza y condena. ¡Vuestra civilización! Luego están los destartalados avatares de las uniones matrimoniales a base de fraguadores de hijos que molestan a padres que no saben serlo, que han sido engendrados en orgías de vicio; hijos criados al azar y que recibirán de la calle o de los internados una formación sin amor ni voluntad.

Matrimonios de conveniencia y especulación convertidos rápidamente en divorcios, adulterios, prostitución. Todo esto enlazado con el hampa ciudadana, los vicios de todas clases, las estafas, los robos, los crímenes, las bajas pasiones y cuanto orla en vuestra ponderada civilización.

Cl. — ¡Oh, Garci!... Al retornar a tus selvas marañosas has anulado tus inquietudes. Ahí estás en lo salvaje y en contacto con las bestias, en soledades agrestes, en reducidos parajes, con tus semejantes, sujetos también a lo esquivo y a la escasa altura de miras.

GAR. — Es comprensible que pienses así. A mí, bravío y duro, me hace gracia vuestra resignación y vuestro conformismo.

CI. — Simplemente no te interesó lo nuestro. Te sientes más afín con lo bárbaro y lo salvaje que domina la jungla.

GAR. — ¡Estimado contendiente! Creo que tu postura se debe a los prejuicios morales que tienes sobre nuestra especie. En realidad, vuestra civilización sabe camuflarse muy bien...

CI. — ¿Conceptos morales, dices?... Los nuestros no pueden ser superados ya que están siempre progresando.

GAR. — Entonces, serán preceptos en relación con la vida, la eterna supervivencia como una razón de especie, el aprecio que como humanos nos debemos.

CI. — ¡Esa es buena! Bien sabes que en todo eso nosotros, civilizados, racionales y conscientes, no podemos ser vencidos por nadie, y menos por hordas que viven en la selva. Nuestra organización, nuestro vivir cívico, nuestra constante lucha para conservarnos libres, placenteros, plenos de comodidades, confortables, tranquilos y satisfechos, como bien lo habrás notado, ¿nada te dice? Has andado por paseos y avenidas en pleno hervor ciudadano, llenas de tráfico inmenso, por ciudades que gozan de los avances que provee la ciencia para la felicidad y el contento. Por todo ello, podemos emplear el tiempo sobrante en deportes y estímulos de orden físico que matizan el ajetreo del trabajo que requiere este progreso. ¿No merece tu atención tanto esplendor y ventura?

GAR. — Anoté muy bien el contraste que existe entre lo aparente y la realidad de vuestro comportamiento, el cual os hace desconocer vuestra propia decadencia. Esta va en aumento desde hace siglos a pesar, o tal vez a causa, de todo ese saber, esa cultura y ese progreso que poco aportan al bienestar común y a la eficacia de vuestras revoluciones fugaces, donde se proclama libertad, igualdad, fraternidad y derechos humanos, si bien luego nada de eso se realiza en parte alguna.

CI. — Dime, pues, qué dudas o críticas tienes.

GAR. — Intentaré responderte sin aspirar a convencerte, saturado como estarás por los mitos de tu propia civilización.

CI. — Escucha... Estate atento y confía, mi Garci, que tu parangón será difícil que supere nuestros progresos.

GAR. — Nosotros, los pobres hijos de la selva, de las hordas y las tribus, vivimos satisfechos en bosques y marañas, y nos apenamos de todos vuestros desvíos.

CI. — ¿Desvíos, dices?... De verdad que no te entiendo.

GAR. — Sí, desvíos que desde hace siglos os mantienen sometidos, esclavizados, suspensos en lamentables engaños, en fetichismos abyectos, psicosis de cretinos, mitos, dogmas y tonterías a las que nosotros, los salvajes, como nos llamáis, no hemos caído nunca a pesar de nuestra ignorancia, nuestro regresismo y la cortedad de alcances que nos adjudicáis. Vosotros, civilizados, cuerdos y atentos a todos los adelantos y progresos, sois en verdad inconscientes, vivís en una perenne barbarie, y todo ello, a pesar de tanto orgullo, ciencia y progreso.

CI. — ¡Esa sí que es buena! Si elevamos la vida y el vivir a la quinta esencia, día a día...

GAR. — Dia a día os saturáis de esclavaje, os nutrís de pedantismo, os orláis de nulidad, hacéis dejación de vuestro YO y soportáis el dominio del cretinismo, la idiotez y la abulia, como si ello fuera toda la felicidad.

CI. — ¿Qué te ha hecho pensar eso de nosotros?

GAR. — Vuestro comportamiento y vuestras normas de vida.

CI. — No te comprendo, de verdad.

GI. — Nosotros, los hijos de la selva y de esas hordas tan mal consideradas por vosotros, no podemos admitir vuestra indiferencia con las guerras entre pueblos ni con la existencia de pandillas de asesinos legales y armados adrede. Y nos sentimos doloridos ante la educación de vuestros hijos, a los que suministráis herramientas de matanza, como juguetes bélicos, formando así su predisposición al mal, y eso, lo que es peor, lo mismo el ignorante que el letrado, el docto que el analfabeto, el rico como el pobre. No aceptamos el parasitismo teológico de docenas de religiones y millares de oficiantes vagos, que os toman el pelo con sus ritos y sus mitos, con sus historias y burdos cuentos de esoterismos que engullís resignados. No necesitamos la fauna de leguleyos, magistrados, políticos y mandones que os imponen, sin encontrar en vosotros resistencia, cómo actuar y cómo organizaros políticamente.

CI. — Olvidas que la organización y el progreso social necesita de directivas que lo guíen y lo concreten.

GAR. — Claro, esto es, precisamente, la anulación de la capacidad de actuación del hombre como tal y como humano, como entidad valiosa en la comunidad afectiva, si la hubiera. Así os convertís en gregarios, en rebaño, en masa; perdéis toda capacidad de tener valores propios y aceptáis todos los sistemas y métodos que os proponen, con todos los colores y matices, en procura del menor esfuerzo, como si no significarais nada individualmente.

Cl — ¿Entonces, todo nuestro sistema orgánico y nuestros métodos de conducta no te dicen nada?

GAR. — Sí, me dicen mucho de vuestro lamentable y denigrante comportamiento. Vivís en la frivolidad y en la tontería, con inercia superficial y voluble que os hace apreciar y aceptar todas las naderías y apariencias, las retóricas y groserías de vagos como si fueran grandes cosas. Sois incapaces de vitalizar lo espiritual y los valores efectivos de dignidad y superación del hombre. Engullís un cine patológico, una televisión capitalista y estúpida, un teatro sádico y sensual, y, en definitiva, unas diversiones perfectas para anular vuestra mente y vuestra capacidad para pensar.

CI. — No llego a comprender cómo puedes referirte así a nuestros pasatiempos. En nuestras ciudades, en nuestros regímenes políticos, en nuestro comportamiento como ciudadanos, todo marcha bien.

GAR. — Menos cuando se trastoca todo con la aparición de caudillos, jefes y pandillas que alteran todos los valores.

CI. — Si te refieres a casos aislados, esporádicos o ambiciones de dictadores, bien pudiste ver que no perduran.

GAR. — Sí, perduran y se afianzan en monarquías o repúblicas, en democracias o reinados, pues todos se sostienen a través del engaño y la falacia que consumen masivamente los idiotas. Rusia es un ejemplo claro desde hace ya casi medio siglo. ¿Cuáles son los valores morales y humanos que os sirven de ligamen y os nutren de orgullo?

CI. — Sigo sin adivinar a dónde me quieres llevar.

GAR. — El ser humano reclama, necesita y debe procurarse dignidad, perfección, mejora en lo material y mental, en lo ético y síquico. ¿Cómo lo lográis vosotros?

CI. — Oh, en eso nada puedes reprocharnos. En lo físico, el campo del deporte nos avala. En lo material, la industria y el trabajo nos afirman. En lo intelectual, la ciencia, el progreso constante y los adelantos evidentes. Pronto no habrá secretos para nosotros ni en el espacio sideral que conquistamos sin alardes.

GAR. — Y todo esto en contradicción con lo que debería ser. Logran convertiros en seres cosas idiotas y cretinos incapaces de ver como os conforman y someten, tanto al docto como al ignorante, al rico como al pobre; a todos os convierten en instrumento de rutina, de ocio, de pasiones, de inepcia y de engaños patológicos que, como pretendidos civilizados y sabios que decís ser, acabáis resultando en una mera ironía sarcástica y grosera.

Cl. — Si no presentas pruebas, mi Garci, creeré que de lo nuestro, de la civilización y los avances presentes, no has captado ni comprendido nada para formarte un juicio.

G A R . — Aceptáis el militarismo como un valor y le destináis enormes inversiones económicas aun provocando la destrucción de pueblos y siendo una constante amenaza de crimen y muerte. Admitís religiones y dogmas fraguados con historietas para eunucos mentales, en contra de las realidades de la Naturaleza y de la Ciencia. Os dejáis llevar por supuestas virtudes de torneos deportivos y competiciones de «misses», «estrellas» y «astros», eventos idiotas que no conducen a nada ni crean nada útil y fecundo, únicamente forjan pasiones estériles, fanatismos y negocios de especuladores sin escrúpulos. Y todo esto lo mismo en vuestras repúblicas que en vuestras monarquías, en los regímenes totalitarios que en las democracias y reinados, porque todo ello está al servicio de mandatarios de cualquier color ya que supone la anulación de la voluntad del individuo. Es la idiotez masiva elevada a la quintaesencia de la estupidez, el aniquilamiento mental del sujeto convertido en rebaño y estulticia que nada tiene que ver con el destino y perfección, dignidad y valor del ser humano. Vosotros, civilizados, cultos, racionales y libres, sois esclavos del dinero y cuanto lo representa; el dinero, ese virus putrefacto, contagioso y fatal, esa cosa sucia y vil que todos buscáis en juegos y loterías, en robos y estafas, os tiene oprimidos. El dinero, eso que dilapidáis en cabarets y timbas, tugurios y casinos de lujo o miseria, contempla como miles y miles de vosotros, cómo brutos en salvaje lucha, os rompéis las narices o corréis tras una pelota como bípedos con la mentalidad en las patas. Saturados de imbecilidad y especulación egoísta y avara ante las corridas de unos pingos, procuráis haceros con más y más de ese dinero corroyente. Ante unos chulos disfrazados y torturando a un pobre toro, lucen su cruel y sádico morbo como si el toreo fuera algo espiritual y honesto. Mientras, estos miles y miles de idiotas civilizados y cultos, ricos y pobres, inteligentes y burdos, desconocen las bellezas cambiantes de la Naturaleza, de sus contornos, de sus lares... Esa es vuestra cultura y racionalidad, esa es vuestra vida de seres superiores, la misma que en nuestras tierras sería apreciada como cosa repudiable, indigna de seres sensatos de pensamiento equilibrado. Nosotros, los bárbaros según vuestro opinar, no podemos admitir ser anulados como entes vitales, como sí lo admitís y os enorgullecéis vosotros. He aquí cuanto nos separa y cuanto me obliga al regresar a mi mundo natural y digno, que en su día ya conoció vuestra invasión para contagiarnos de vuestros errores, desventuras y resignaciones. La tememos, pero la muralla arbolada, tupida, fecunda y bella, nos defiende. Ampara nuestras solanas y claros, nos refugia sanos, como seres libres y puros.

Ni que decir tiene que terminamos el palique por estimar inútil continuarlo ante las réplicas y observaciones de Garci, el incaico, incapaz de asimilarse a nuestras vidas y a nuestras sinrazones. Sus alegatos y réplicas, no obstante, nos dejaron suspensos y cabizbajos. Por nuestra parte, solo queda averiguar y comprender dónde empieza y que es civilización y barbarie.

CAPITALISMO EN AUGE

Firmado por Germina Alba y publicado en *Solidaridad Obrera* (Francia), 1961

No hace falta ser muy lince para percatarse del dominio mundial del Capitalismo. Del Capitalismo, en mayúscula, tanto de derecha como de izquierda; lo mismo en los países tenidos por demócratas, como en los conservadores; igual en las esferas materialistas, como en los planos espirituales; así en los regímenes proletarios para caza-bobos, como en los tenidos por imperialistas, ya sean rojos, pardos, azules, policromos, de levita o de "overol".

El engranaje y el mecanismo de unos y otros, se basa en copiar al ciudadano y a ese conjunto gregario formado por clases, castas y rebaños, no sin haberlo sometido antes a una labor de anulación cerebral y destrucción mental mediante drogas, psicosis y "disfrutes" que cumplen de maravilla la anestesia del sujeto, de la familia y de la ciudadanía. El hombre libre y justo es hoy rareza considerada burlable ante la avalancha del acomodo, de la adaptación y de los complejos que dominan por doquier en interés de la supremacía.

En todos los regímenes y en todos los Estados, al igual que en todas las clases, castas, jerarquías y organizaciones, el sistema se equilibra y complementa con métodos parecidos. El Capitalismo prolifera eufórico en el gregario burgués, en el proletario y en el ignorante, pedante y engreído intelectual, ofreciendo fertilizantes con que abonar la cosecha fatal. El Capitalismo satura con alcoholes y opios los bares y "boites", ofrece cine bestia para cretinos, deportes de alienados, lecturas eróticas o policiales. Destila la pestilencia patógena que idiotiza a las masas contentas de poder imitar a sus dirigentes, aquellos que gozan de todos los morbos con que se festeja la pudrición ambiental de las clases pudientes y dominantes.

En todos los regímenes y en todos los Estados, en las instituciones culturales, políticas, artísticas, sociales y éticas se contribuye al mismo fin: convertir el ente tenido por racional en monigote que obra por impulso ciego, sometido a voluntad negativa, con pretensiones de superioridad, en el conjunto abúlico, voluble, pedante, manejable, estéril y vesánico de hoy.

Los sociólogos y humanistas que vieron claro en su tiempo el futuro decadente de la especie - dado el ritmo de los afanes "placenteros", desviados del amplio sentido solidario y fraternal que debería impulsar al ser racional-, intuyeron el necesario e indispensable propósito de anulación y supresión de cuanto significase posesión, tenencia, valor de cosa privada, particular, estatal o dominante. Su visión inteligente estuvo dirigida a suprimir el dinero, el capital y los valores acumulables, fiduciarios, metálicos o inmobiliarios. Es decir, a suprimir todo aquello que no fuera producto del esfuerzo y la capacidad de cada uno y en contribución al bienestar y apoyo del conjunto: el sentido fraternal y solidario de uno para con todos entre sí.

En estos momentos, perdido ya el sentido observador, analítico, pensante y de discernimiento -a excepciones rarísimas y burladas-, no puede pensarse ya en una recuperación ni confiar siquiera en las clases selectas, intelectuales, doctas, sapientes y jerárquicas, sometidas también a los efectos narcóticos que nublan todos los sentidos que podrían regir las mentes claras. Ciegos y pasionales como bestia vencida, estos grupos sociales se hunden en los mismos pantanos donde chapotean.

De ahí que no se deba confiar ni en los postulados sociológicos, devenidos teorías candorosas, ni en las doctrinas humanistas, rebajadas a atavismos de tiempos que fueron. Se impone laborar sobre el único principio racional del valor *Hombre* mediante su físico y su capacidad no maleados, es decir, el *Hombre* cuyo capital es el músculo, la sangre, las meninges productoras y en contacto cordial, afectuoso y solidario con el semejante.

Nos da la aceptación lisa y llana, a fuer de sencilla, del "uno para todos y todos para cada uno".

Esto, claro está, lejos y en desvinculación con cualquiera de las anestesias metafísicas, de las psicosis perturbadoras o las elucubraciones sapientes, cada vez más dominantes en el actual pueblo insano. Aún a fuer de ser tenidos como misoneístas, retardatarios o fuera de época, ese es el dilema que se le presenta al ser lúcido y libre, racional y humano. Y es que el auge de lo cretino y bestia obliga a un retroceso aparente, para retomar la ruta ascendente que nos dignifique como superiores a los irracionales, de los que, sin pudor y sin desmedro, hemos de tomar varios ejemplos.

Bien sabemos que, en todos los ámbitos de la actividad social y civil, económica y política, intelectual y artística, destacan figuras ponderables, hombres imbuidos de talento, de notable valor, de gran pose y de estudiada prosopopéyica. Pero si lo observamos con la debida lucidez y el razonamiento adecuado, tales elementos deben producirnos pena o burla por mucho que el Capitalismo triunfante se esfuerce por hacernos pensar lo contrario.

El mecanismo adoptado por el Capitalismo, tal vez sin avizorar los resultados que por inercia pueden terminar con su hegemonía, es igual por doquier y abarca todas las esferas y todos los planos. La anulación psíquica conduce al dominio absoluto de neurosismo, lo que da como resultado un morbo incurable y biológicamente inoculado en el ser.

Observemos la formación intelectual, emocional y voluntariosa de la infancia en el hogar o en los ambientes instructivos primarios, secundarios y universitarios. La "preparación para la Vida" de que tanto nos hablan psicólogos, educadores e intelectuales, está en manos de las instituciones regidas dogmáticamente mediante elementos y sistemas pedantes basados en mitos.

Debemos pensar en el logro de individuos responsables, voluntariosos, capacitados de su obrar y del "porqué" de su vigencia; capaces de admitir sus errores y desviaciones, de captar la necesidad de los rumbos a seguir; afanosos de contribuir al destino natural, humano, racional y fraterno de su existir. Con tal que se cumpla la labor librada a la casualidad, a las posibilidades fortuitas que nos da esa numerosa e imponente grey engreída, voluble, pedante, abúlica, neurótica y cretina, todo se acepta sin análisis ni estudio. Todo eso ha sido creado y fomentado por el Capitalismo en auge, y ha sido advertido y subrayado en todas las esferas de la vida y en todas las cosas que tienen correspondencia con el "laisez faire" de la actual evolución de la especie.

En literatura jamás se había llegado a algo tan inferior y bestia como lo que vemos hoy, es decir, la anulación mental que orienta al ser hacia una acumulación económica que satisfaga los "goces" y los "placeres" que el hombre dice necesitar para vivir. He ahí nuestros problemas ante el mirador comparativo de un siglo atrás.

COMPLEJOS SOCIALES

Firmado por Albano Rosell. Manuscrito no publicado
(Montevideo), 1959

Recuerdo oportuno

Exponiéndome a que se me considere infidente, descortés e indiscreto, me permito tejer algunos comentarios en respuesta a opiniones vertidas en el boletín de C.I.A. de Londres, en abril de 1959. Anteriormente, hice algo parecido en el C.R.I.A. de París[69] sin que nadie objetara nada, dado que no vulneré lo confidencial del caso, como tampoco ahora

Ahora el asunto es similar y estimo que bien merece la pena que se le tome en consideración pública en nuestros medios y entre la militancia, tanto más cuanto mayores son las consecuencias que derivan.

En la página 18 de dicho Boletín, en "Opiniones de la P. Anarquista", se publica: "En una de las relaciones del Movimiento Español se adelantaba ya, que estábamos lejos, muy lejos, de ocupar en el ambiente social el lugar que ocupaba el Anarquismo en el 1907, cuando se celebró el congreso de Ámsterdam. A la vista de lo sucedido en el congreso de Londres, esa tesis

---

69   CRIA fue el acrónimo de la Comisión de Relaciones Internacionales Anarquistas.

se corrobora y se afirma. Faltan los valores morales e intelectuales en las personas[70] que le daban crédito, lo valorizaban y lo vitalizaban interior y exteriormente. Falta el dinamismo y el entusiasmo de la acción y, quizás también, la formación ideológica de muchos militantes en cuanto a principios y medios de actuación anarquista, sobre lo que existe verdadera confusión. Tampoco se tiene noción, en muchos casos, de qué es la organización federalista. En tales condiciones, la situación del Anarquismo Internacional se resiente, lo que queda reflejado en las reuniones internacionales. Hay pues, una gran labor de divulgación a realizar; una verdadera labor de vertebración orgánica, si queremos que el Anarquismo se recobre, salga de la situación en la que se encuentra y pueda despertar el entusiasmo de sus militantes y de las multitudes".

Acoto enseguida, para no olvidarme luego, que el Anarquismo en su filosofía, en su doctrina, en su vigencia social o sociológica, no necesita, ni es obra de masa, de cantidad, de turba, de multitud, de rebaño gregario. Lo es, sí, de calidad, de voluntad, de comprensión, de

---

70 En el manuscrito original se incluye en este punto una nota de Rosell que señala: "Omito los nombres que se citan por no creerlo preciso, con todo y recordar las quejas de Grave, Lorenzo y otros, cada vez que perdíamos alguna de las figuras preclaras, sin atisbar sustitutos cualificados."

asimilación y, sobre todo, de relación con el vivir social, familiar, colectivo, de convivencia y de emancipación fraternal y solidaria.

Pero sigamos. En la página 19 del mismo Boletín, se reproduce un artículo de Rassinier[71] en el que dice: "Muchos, dentro de nuestro movimiento, creen que están suficientemente equipados para promover, por sí mismos, una filosofía libertaria nueva y contemporánea, y que son capaces de llenar esta tarea solos. Es precisamente esta actitud lo que da lugar a la multiplicidad de publicaciones anarquistas y a la imposibilidad de asociación conjunta en una organización que merezca el nombre de tal. Eso conduce al debilitamiento y a la

---

71   Paul Rassinier (Bermont, 1906 - Asnières-sur-Seine, 1967). Escritor y activista francés, militante comunista, socialista y posteriormente anarquista. Antes de la Segunda Guerra Mundial, Rassinier fue un activo miembro del Partido Comunista Francés y participó en la resistencia contra la ocupación nazi durante la guerra. Sin embargo, en 1945, fue arrestado por la Gestapo y deportado a campos de concentración nazis, incluido el campo de Buchenwald. Después de su liberación en 1945, Rassinier se dedicó a escribir y enseñar. Escribió varios libros, incluido su trabajo más conocido titulado "El drama de los judíos europeos", publicado en 1964. En esta obra, negó y minimizó el Holocausto, argumentando que las cifras de víctimas judías eran exageradas y que los campos de concentración nazis no eran centros de exterminio sistemático.

impotencia. Nada es universal, cada publicación solo puede recoger un aspecto del problema, con frecuencia fuera de época, lo que divide al movimiento al novel de los grupos que se supone lo integran, dedicando con preferencia más tiempo a la discusión de las personas que a la de las ideas. Pareciera, en última instancia, que algunos fragmentos del movimiento emplean más hostilidad entre sí que contra las fuerzas de la opresión".

Esas fallas se vienen produciendo en nuestros medios desde comienzos de siglo, pero de manera acentuada a partir de 1914 y siguientes, hasta llegar al estado actual. Mi cosecha es una experiencia de más de sesenta años. En ese tiempo he observado hombres y cosas. Ha sido una observación modesta y sencilla, de convicciones arraigadas y claras desde el comienzo, lejos de entusiasmos fáciles y demagógicos. Me ha acompañado siempre a conciliábulos, peñas, grupos, mesas de café y bares, por ser opios del capitalismo y ofrecer sólo pérdida de tiempo y energía.

Llegados aquí me parece necesario, a fin de situar la cuestión de mi enfoque, recordar algo que ya señalé en la "noticia" que acompaña a la publicación de mi obra de teatro "La llamada", versión escénica y arreglo derivado del libro "El capital hombre", inédito a pesar de haber sido escrito en 1935. En esa "noticia", publicada en 1953, refiriéndome a recuerdos de la noche en que pasábamos del siglo XIX al XX, expreso: "En aquella noche, quien esto escribe, se hubiera batido -es un decir- con quienes no hubieran compartido su optimismo de rebelión transformadora, dentro de un plazo no superior a los quince años. Aquello no era en mi un juego retórico ni una expresión candorosa, pues llevaba, a mi manera, cuenta de los preparativos revolucionarios, de las propagandas en marcha, de los actos de emancipados, del ambiente rutinario y cerril de la España levítica, y sinceramente creía en la posibilidad de un cambio. ¡Pobre iluso! Acabábamos de salir Montjuich, ganada la campaña "revisionista", al igual que se preparaba la liberación de los encarcelados en el proceso de la famosa "Mano Negra" andaluza[72]. Se planteaban huelgas, se reivindicaban derechos y

---

72 La "Mano Negra" fue un movimiento anarquista clandestino que se asoció con una serie de disturbios y actos de violencia ocurridos en Andalucía, España, a fines del siglo XIX y principios del siglo XX. La "Mano Negra" fue objeto de debate y controversia, y su existencia ha sido cuestionada por algunos historiadores. Se le atribuyó a la "Mano Negra" la autoría de numerosos actos de violencia, como asaltos a propiedades, incendios intencionados y asesinatos de terratenientes, así como de otros actores sociales considerados explotadores. Las áreas rurales de Andalucía, con una población predominantemente agrícola y con profundas desigualdades sociales, fueron el escenario principal de estos sucesos.

libertades, y, en fin, se gestaban unas campañas que bien podían resultar el comienzo del fin. Zola, en el caso Dreyfus[73], había conmovido al mundo, como antes lo hiciera el caso Chicago... y Angiolillo[74] daba

73 El Caso Dreyfus fue un importante escándalo político y judicial que ocurrió en Francia a fines del siglo XIX y principios del siglo XX. Se centró en Alfred Dreyfus, un oficial del ejército francés de origen judío, que fue acusado falsamente de traición y espionaje. Dreyfus fue sometido a un juicio militar en 1894 y fue declarado culpable de traición, siendo degradado públicamente y enviado a prisión en la Isla del Diablo en la Guayana Francesa. Sin embargo, desde el principio, hubo serias dudas sobre su culpabilidad y el proceso judicial que lo llevó a la condena. El caso atrajo la atención de figuras públicas, intelectuales y periodistas, y se convirtió en un tema de gran división en la sociedad francesa. Los debates sobre antisemitismo, nacionalismo y justicia estuvieron en el centro del escenario. En 1898, el novelista Émile Zola publicó su famoso artículo "J'accuse" ("Yo acuso"), en el cual denunciaba la injusticia y la conspiración que llevaron a la condena de Dreyfus. El artículo tuvo un impacto significativo y contribuyó a la revisión del caso. Finalmente, en 1906, después de una serie de acontecimientos y la aparición de nueva evidencia que demostraba la inocencia de Dreyfus, se le otorgó un nuevo juicio. Fue declarado inocente y rehabilitado. Su caso se convirtió en un símbolo de la lucha contra la injusticia y el antisemitismo.
74 Michele *Angiolillo* Lombardi (Foggia, 1871- Vergara, 1897). Anarquista italiano conocido por haber asesinado al primer ministro de España, Antonio Cánovas del Castillo, en 1897. Cánovas del Castillo era por entonces una figura influyente y controvertida de la política española, y su asesinato fue considerado un

su vida ajusticiando al promotor de las torturas aplicadas en el Castillo Maldito de la ciudad de los Condes. Surgieron las huelgas generales en ciudades y pueblos de Catalunya, demostrando la fuerza que la unión proletaria significaba, ya libres los obreros de la mentira del felón Lerroux. Mi amigo Mateo Morral, hijo de burgués liberal -al estilo Roberto de "Los malos pastores" de Octave Mirbeau-, le lanzaba a la monarquía en Madrid su artefacto explosivo como protesta y confiando ¡iluso! en promover un cambio político que aun así, bien poco significaba en sentido reivindicativo de seres y cosas... Se defendía el sentido obrerista al igual que la liberación de las conciencias. La propaganda antimilitarista era extensa y bien llevada incluso en los países militarizados, pero... Vino la lucha de 1914 y los esfuerzos de unos y otros se quebraron ante el lema de

---

acto de venganza política en el contexto de las luchas y tensiones sociales de la época. Después del asesinato, Angiolillo fue detenido y sometido a juicio. Confesó el crimen y declaró sus motivaciones políticas y anarquistas detrás del asesinato. Fue condenado a muerte y ejecutado mediante garrote vil el 20 de agosto de 1897 en Bergara (Gipuzkoa). El asesinato de Cánovas del Castillo y la ejecución de Angiolillo generaron debates políticos y sociales en España y en otros lugares. Mientras algunos condenaron el acto como un acto de terrorismo político, otros lo vieron como un símbolo de resistencia contra la opresión gubernamental y las desigualdades sociales de la época.

la liberación de la tiranía teutónica. Los hombres se dejaron llevar por falsos mirajes, cayendo en el apoyo de lo que antes combatieron. Aquello fue mi mayor cúmulo de experiencia, y por qué no, de desengaño. Pero no por ello pasé a retiro, sino todo lo contario.

No, ni la obra escolar a la que nos entregamos con todo desinterés y sacrificio, ni la lucha sindical o de grupo, eran bastante para un régimen de masas opiadas con lemas turbadores. Desde entonces, el plazo fijado "in mente" para el logro de la deseada emancipación intelectual, ética, física y material de la especie fue para "sine die" y los elementos de lucha que quebraran la fuerza material de mandones, capitalistas y de castas dominantes, habían de ser otros. Actualmente, la economía se ve dirigida hacia el desmedido y trastocado disfrute de los vagos, los ociosos, los montados al burrito del Estado, y también hacia las penurias de los que todo lo producen y que para todo sirven, incluso para destruirse mutuamente, de pueblo a pueblo, de nación a nación, ciega y cruelmente, sin piedad y sin conciencia de la carnaza que alimenta los destrozos, todo ello fomentado con arengas patrioteras, rivalidades mentirosas y chovinistas de orates que turban a las multitudes opiadas.

Ante la aparición de la potencia atómica, los líricos revolucionarios, candorosos de la fuerza libre y espontánea, desconfían de la posibilidad revolucionaria porque no columbran la potencia magnífica de la comprensión y la solidaridad proletaria. Nosotros estimamos siempre irrealizable aquella rebeldía contra la fuerza del bloque estatal. Recuerdo la impresión simplista que me produjo la idea de Malato[75], cuando se complotó en 1899 con López Montenegro[76] y otros furiosos revolucionarios de la época y pretendieron con un simple barco en estado de jubilación tomar por sorpresa el Castillo de Montjuich y el puerto de Barcelona, y todo ello sin percatarse que habrían sido

---

75 Charles Malato (Foug, 1857 - París, 1938). Escritor, periodista, y militante anarquista francés de origen italiano. Escribió para varios periódicos y revistas anarquistas, y también trabajó como corresponsal de guerra durante la Primera Guerra Mundial. Durante su carrera periodística, Malato defendió activamente las ideas anarquistas y se destacó como uno de los principales propagandistas del anarquismo en Francia.

76 José López Montenegro (1832- Barcelona, 1908). Formó parte del cuerpo de la administración militar y participó en la revolución de 1868. En 1869 dirigió El Republicano de Zaragoza y fue influenciado por el anarquismo, lo cual provocó que fuera expulsado del ejército y luego encarcelado por negarse a jurar lealtad al nuevo rey Amadeo I. Fue uno de los principales defensores de las tesis obreras sobre la huelga general. Fue detenido en Barcelona en 1896 e implicado en el proceso de Montjuïc.

vencidos fácilmente por aquellos mismos que deberían haber estado con ellos, pero que, como siempre, acabaron siendo la carne que utiliza el capitalismo para su defensa. Para nosotros, la revolución se hará mediante un estado de capacitación, de voluntades y de educación masivo, que permita organizarse bien, sin que la fuerza bruta sea el recurso con el que intervenir.

Tarde o temprano, llegará un periodo de decadencia y de saturación, pues la actual y futura evolución de la economía capitalista nada ha mejorado y más bien tiende a difundir y mantener las diferencias de castas y clases, empujando al productor hacia su propia degeneración, impidiendo su dignidad como seres útiles a la sociedad. El proletariado, como productor de cosas necesarias para la economía y convivencia colectiva, ha de llegar a comprender que lo es todo, por encima de los falsos valores que se le enfrentan, y tiene que reclamar su derecho a la vida libre y digna que como ser racional y civilizado le compete. La involución actual que el industrialismo feroz, el mercantilismo idiota, el individualismo egoísta e inhumano, el derroche sin ton ni son y la inconciencia de alienados, lo ha trastocado y mixtificado todo, convirtiendo en especulación e infamia los más nobles postulados. El progreso, los adelantos y las ciencias solo sirven para acrecentar una economía despilfarradora en detrimento de la propia dignidad y la útil producción. Tal vez, las fuerzas de la inteligencia y del músculo lleguen a comprender lo que representan, y utilizando su poder en unión y conexión fraterna, logren quebrar a la fuerza bruta y llegar a renunciar a ser instrumento de sus propias penurias y esclavitudes.

Al Capital Hombre

Hasta aquí la parte relacionada con la obra antes mencionada y de su derivada para teatro, que no es otra cosa que pretender demostrar que, mientras no se anule lo que se entiende por el Capital, lo fiduciario, el dinero metalizado, las finanzas, la riqueza áurica, los negocios inmobiliarios (fincas y tierras), y se eleve a valor absoluto, a capital verídico al HOMBRE, con sus músculos, su inteligencia y su significación digna y humana, no podrá confiarse en un cambio de estructura social. Por eso, en "La llamada", se presenta la relación y la realidad posible de ese cambio en forma fantasiosa y criticona. Es de necesidad para el verdadero productor de cosa útil, que ese cambio se convierta en realidad, lo que es posible si surgiera el acuerdo mundial, ya propuesto por los internacionalistas, de proclamar los principios de "Proletarios de todos los países, uníos"; el sentido de "Uno para todos, y todos para cada uno"; la base humana de "A cada uno según sus necesidades", etc. Son normas y principios de los que nos hemos desviado y que las masas jamás captaron como una orientación libertaria, una realidad eficiente y una obligación moral a seguir.

Se esgrime desde hace siglos el bíblico "siempre habrá pobres y ricos", y el otro lema, también del mismo cuento bíblico, que señala: "ganarás el pan con el sudor de tu frente". Este segundo lema no solo ha sido aceptado y disfrutado por la clerigalla de todos los bandos y mitos, sino que la burguesía de consumo ha sabido aprovecharlo con una simple modificación: "ganarás mi pan con el sudor de tu frente", olvidando que la riqueza que significa el cultivo de la tierra y derivados sería la solución del problema vital, en provecho de cada uno y en solidaridad con cuantos la trabajarán. El capital innegable al que se enfrentan todos los pueblos es la anulación de cuantos especulan, gozan, engordan o zampan por mor de esa abulia colectiva del productor mundial que prefiere seguir en renta. Es una labor contra la imbecilizante, idiotizadora, falsante y cruel tarea de los intermediarios y acaparadores de toda laya, que se apropian sin esfuerzo alguno de todo el producto, con ganancias enormes y más concretas que las del productor efectivo, y como verdaderos zánganos chupadores del trabajo ajeno.

Comentarios obligados

A causa de las guerras y matanzas que aniquilan pueblos y pensamientos, actualmente se vive en un ambiente y clima servil, indiferente, abandonado, estéril, sin voluntad ni otra aspiración que el "disfrute" atávico, irracional, vicioso, degenerado y de tendencia especulativa para los tenedores del capital. Todo esto se logra mediante la reclama engañosa, el aviso insidioso y tenaz, la pesadilla impositiva de valores negativos, magnificados y difundidos con el aval de instancias científicas, que no son otra cosa que saber retórico para el engaño del ignorante letrado. Algo de todo esto trato de exponer en la conferencia "De ética nutriz", dada hace algunos años y editada en el libro "Naturología Integral y Humana".

Compárese la situación cultural de 1907 y la actual, se percibirá rápidamente la diferencia. Se les ve cada vez con mayor abundancia, pero sin gasto alguno de fósforo mental. Todo lo frívolo, tonto, mediocre e insano al espíritu y al intelecto, naderías y puerilidades que van de lo erótico a lo policial, de lo morboso y falaz del deporte idiota a lo incivil. Predomina todo lo pueril, pasional, vicioso y patológico, apoyado por dogmas, mitos, conceptos, castas y clases que nada tienen que ver con el desarrollo mental, ético, afectivo, fraternal, solidario y humano de la especie tenida por racional.

La riqueza artificial y el capital retórico que han sido sacados del saber y de los músculos proletarios, se invierten no en procura de la libertad del hombre, del bienestar de la especie y de la dignificación del ente humano, sino en su anulación mental y física. Las minorías aristocráticas, burguesas, clericales, militares, bancarias, burocráticas, políticas y de la magistratura, ejercen su poder sobre las multitudes productoras que, en fábricas, campos, minas y talleres, producen valor auténtico y vital. Y si algo faltara en ese panorama de explotación y desventura para las masas, piénsese en los despilfarros de riqueza que se producen por doquier, en todos los pueblos, para la preparación de otra hecatombe mediante gases, metralla, atómicas combinaciones y lo que sean capaces de inventar. Junto con las aspiraciones interplanetarias de esquizofrénicos y paranoicos caletres de laboratorio, consumen y tragan millones y millones de riqueza colectiva, estéril mendaz e improductiva.

Nuestras responsabilidades

¿Y qué hace el productor ante ese panorama de alienados? ¿Qué hacemos los libertarios, en posesión de una doctrina, de una filosofía y de concepciones racionales y humanas con más de un siglo de desarrollo? La masa, la multitud, la ciudadanía gregaria e ilota, cegada por los lemas y "venturas" que les prometen, se adapta y asimila toda la tontería y lenidad que le ofrecen dirigentes y demagogos. El proletariado pretendidamente rebelde, se somete, copia y adopta cuanto recibe por reflejo de sus enemigos, del mismo modo que abandonó aquel hermoso laborar del artesano, cuya dignidad y mérito consistían en ofrecer los productos elaborados por su mano y competencia, con su firma y su procedencia como aval meritorio. Eran signos de solvencia que valoraban al hombre y su labor, hecha siempre sin prisas, con agradable instinto, carente del nerviosismo y abulia actuales que inferiorizan y mecanizan la intervención del artífice, reduciéndola a una insignificante pieza más del sistema.

¿Y qué ha hecho el anarquismo para sanar el ambiente inferior y malsano de ese trabajo? A pesar de los valores humanos y dignos de su doctrina y de su ética racional, no solo no supo tomar las medidas de prevención para no caer en el lodazal burgués y capitalista, sino que ni siquiera ha infundido la adopción de una profilaxis humana y racional, para evitar el morbo que a todos nos arrastra. Pudimos y debimos soslayar lo más posible la caída en todos los vicios y mentiras del capitalismo, y no solo no lo hicimos, sino que todos, selectos y masa, gozamos de las pasiones, vicios y pathos de que se nutre el burgués, el aristócrata, el clase media, el burócrata estéril, y como ellos, nos conformamos y aplaudimos a cualquier "misa", "reina", "astro" o "campeón", y nos extasiamos ante unas carreras, un torneo, un match o cualquiera de estos opios creados, sostenidos y fomentados para la canalla, para que nadie repare en las trampas que inferiorizan y anulan.

Hacia el vacío

¿Ante este panorama, estableceremos alguna vez las colonias de emancipados para un vivir libre y fecundo? ¿Crearemos gildas, colectividades, granjas, cooperativas y pequeñas organizaciones de producción e intercambio que nos libren de la explotación fabril, industrial y mecanizada, y recuperaremos así el agro, el taller y el obrador? Como universalistas cualquier lugar de la Tierra debería sernos igual para nuestra vida y ascendencia. No olvidemos tampoco que otras instituciones regidas y dirigidas por dogmatismos, creencias y políticas que explotan a sus afiliados, consiguen crearlas en distintos países, singularmente en América. ¿Hemos procurado crear y mantener centros de educación, de expansión artística, de relación cordial y amistosa entre afines capaces de mantenerse libres y conscientes, fuertes y sanos, frente a la degeneración del mundo burgués? ¿Dónde están los centros docentes racionalistas e integrales para nuestros hijos? ¿Dónde están los Ateneos libres y populares que aglutinan e instruyen a quienes necesitan apoyo? ¿Cómo invertimos las horas individual y colectivamente en emociones artísticas, en la siempre enseñante Naturaleza, en las necesidades que la Vida va reclamando al ser para su continua formación y elevación mental, espiritual, emotiva, afectiva y de raigambre humano? En lo que va de siglo, hemos visto y tratado en nuestro vivir trashumante, decenas y decenas de fanáticos investidos como camaradas, que en cada línea que escriben inyectan la voz libertaria. Hemos visto camaradas que para acreditar su convicción y su derecho a ser más que los otros han puesto a sus retoños Aurora, Acracia, Ideal, Anarco, Kropotkin, Armonía, Líber, etc., pero hemos visto y vemos como tales nombres se desdibujan y se borran para trocarse por los del montón burgués. Sus poseedores, al aburguesarse igual que sus padres, se sumergen en todas las tonterías e indecencias capitalistas que se supone dan calidad y mejoran su situación y posición. Pero su demagogia y su griterío contra la riqueza y la explotación estaban en realidad motivadas por la envidia, el despecho y las ganas de llegar a otra posición, resultando peores al alcanzar su anhelo burgués. Hemos visto a fervorosos "camaradas" escurrirse por la tangente cuando era preciso demostrar su capacidad afirmativa, dejando de ser tan rebeldes y apasionados en cuanto pudieron acomodarse sobre el burrito burgués, demostrando aquello tan sabido del piojo resucitado.

No, se necesita convicción, sentido analítico, fervor humano y racional; se necesita dejar a un lado las palabras altisonantes y ceñirse a la realidad cuando es necesario vivirla y expresarla con hechos. Estamos cansados de ver registros de nacimientos con toda la parafernalia de credos e iglesias, de casamientos de hijos de "camaradas" con todos los ritos y cosas de la religión y la política, de ver entierros de antiguos y supuestos anárquicos luciendo la crucecita en el coche que les conduce a la morgue, de presenciar ceremonias, festejos y diversiones copiadas del burguesismo, de lo que combate y crítica pero que se imita. Y mientras esto ocurra, podremos seguir lamentando la decadencia y el escaso crecimiento del libertarismo, de la acracia, del anarquismo teórico en ciudades, pueblos, instituciones, clanes y familias, justamente por no saber mantenernos en el medio apropiado y carecer de convicción.

Hemos de comprender que nuestro ideal, nuestra doctrina, nuestra ciencia, nuestra filosofía, no son propios o exclusivos de la clase proletaria, sino que lo son de los individuos que la adopten, y es por eso por lo que pensadores, humanistas, doctos, publicistas, profesores, etc., han ayudado en su mejora. El anarquismo ofrece un bello panorama de mentalidades y voluntades salidas tanto de la aristocracia como de las extracciones media y proletaria, que hacen honor al Ideal y valorizan, dignificándolo, lo mismo que a sus cultores conscientes y voluntarios que lo alientan.

Res, non verba

Todas las teorías, todas las filosofías, credos y doctrinas, reclaman acción para demostrar su valor y existencia digna. Pero la acción, el "res" que necesita nuestro ideal, no ha sido perseguido ni logrado con la eficacia requerida, si alguna vez se intentó, y de ahí el retroceso que observan los que han motivado este comentario. De ahí, también, que estimemos que es hora de plantear y realizar menos "verba" y más "res". Es decir, todo cuanto, en obras eficientes, materiales y prácticas nos sea posible en todos los países, en cualquier lugar, por el mundo, ya que universal, internacional y humano es nuestro fin emancipatorio. Librémonos de los complejos sociales y ciudadanos que nos abruman y echemos nuestro valor y nuestro significado a la vida, con nuestros cerebros y nuestros músculos, con nuestra capacidad realizadora y nuestra voluntad constructiva; en granjas colectivas, colonias de trabajo libres, obradores, talleres, núcleos de artesanías liberadas del burgués, del intervencionismo de parásitos, de cuanto obstruya su desarrollo. Y todo ello sin alardes, sin ostentaciones vanas ni demagogias, todo limpio, sano y libre.

En 1918, el doctor portugués Amílcar de Souza[77], con motivo de mi intervención en el Congreso Naturista que debía tener lugar en Lisboa, me señaló: "... poder vivir en plena naturaleza en la región tropical de Pará (Brasil), un paraíso en el que no es necesario el dinero...". Se me dirá, naturalmente, que, en teoría esto

---

77 Amílcar de Sousa (1876 - 1940). Teórico del vegetarianismo en Portugal, y presidente de la Sociedade Vegetariana de Portugal, fundada en Oporto en 1911. Dirigió también *O Vegetariano*, una revista mensual sobre el vegetarianismo.

puede resultar, pero en la práctica se dieron dos experimentos por obra de Reclús a finales del siglo pasado y fracasaron, como señalo en mi libro "Naturología Integral y Humana" y como también lo presenta Lucien Descaves[78] en su obra de teatro "Le Clariére". Pero a pesar de ello, si se tomaran las precauciones pertinentes, no creo difícil organizar núcleos como los expuestos en mis utopías "En el País de Macrobia" y en la todavía inédita "La Otra Humanidad", más adaptada al caso, más polémica y crítica con lo actual y lo futuro. Podrían realizarse si el espíritu emprendedor y consciente acuciara a la juventud libertaria de los tiempos presentes.

A finales de siglo, los románticos, los místicos del Ideal, creyeron en la acción violenta, en el hecho ruidoso ante los desbarajustes y opresiones, pensando con ello provocar cambios de régimen y llamar la atención del mundo. Jamás nos pareció una táctica y un procedimiento eficaz. Pero ellos, abnegados e ilusos, valían más, representaban más y mejor que los demagogos gritones, verbalistas, retóricos... Mientras aquellos místicos sacrificaban su vida y su todo -Henry, Pallás, Vaillant, Angiolillo, Gozelgas, Morral, Salvador,

---

78 Lucien Descaves (París, 1861- París, 1949). Escritor naturalista y libertario francés.

Ravachel, Radowitzky, etc.- los retóricos, demagogos y verbalistas, fanáticos del momento, pero sin convicción ni conciencia de clase y de Ideal, alcanzaban en la sociedad burguesa que decían repudiar, una comodidad relativa, una situación floreciente y unos recursos apreciables. Se aburguesaban, se olvidaban de los arrestos sufridos y devenían los usufructuarios más atentos de todas las "delicias", "venturas" y vicios de los nacidos en tales ambientes. De ahí que, aún sin compartir la acción de aquellos que estimaron la bomba, el puñal o el revólver contra opresores y tiranos, es innegable que podía ser beneficioso a sus ideas y por ello sacrificaban su vida. Eran más heroicos y dignos que los gritones y energúmenos que luego gozaron eufóricos de todo cuanto criticaban.

Y ello, no nos quepa duda alguna, camaradas, ha conducido a la decadencia actual del anarquismo teórico, y no se recuperará, tampoco lo dudemos, mientras no se procure, sin alardes, lograr los hechos que demuestren la vigencia y la realización en los posible de los postulados que integran el ideal libertario con toda la conjunción de factores para un vivir de emancipados sobre la Tierra.

Y no nos quepa duda tampoco, de que todo ello ayudará a echar de nuestro fárrago los complejos que recibimos, mal que nos pese, como herencia de la sociedad actual y de sus instituciones veneradas y patológicas.

¡Así que, a recuperarse camaradas!

Fotografías

Retrato de Albano Rosell. Sabadell, 1900. Fuente: Archivo familia Rosell.

De pie y de izquierda a derecha: Albano Rosell, Nora Rosell, Aeda Pau, Cadmo Rosell y Samitier. Sentados y de izquierda a derecha: Irupé Pau, ?, Florencio Pau. Playa Atlántida (Canelones), 1955. Fuente: Archivo familia Rosell.

De izquierda a derecha: Cadmo Rosell, Nélida Mauri (Tota), Esperança Figueras, y tres desconocidos. Casa familiar en el barrio de Colón (Montevideo), 1954. Fuente: Archivo familia Rosell.

De izquierda a derecha: Nélida Mauri, Cadmo Rosell, Esperança Figueras, Albano Rosell y Nora Rosell. Casa familiar en el barrio de Colón (Montevideo), 1954. Fuente: Archivo familia Rosell.

Esperança Figueras y Nora Rosell. Montevideo, 1954. Fuente:
Archivo familia Rosell.

Esperança Figueras y Albano Rosell. Montevideo, año desconocido. Fuente: Archivo familia Rosell.

Viaje a Europa. De pie y de izquierda a derecha: Florencio Pua, Samitier, Albano Rosell, Esperança Figeras, Nélida Mauri (Tota), Mabel Mauri, Cadmo Rosell, María Badano, Aeda Pau, Helena Pau, Nora Rosell, Irma Mauri (?). Niños/as y de izquierda a derecha: Adriana Mauri, Álvaro Mauri, Alicia Mauri, Alba Mauri. Puerto de Montevideo, 1956. Fuente: Archivo familia Rosell.

Visita a Sabadell. Foto con antiguos camaradas. Sentados aparecen: Albano Rosell, Esperança Figueras y Nora Rosell. Sabadell, 1956. Fuente: Archivo familia Rosell

Albano Rosell. Montevideo, año desconocido. Fuente: Archivo familia Rosell.

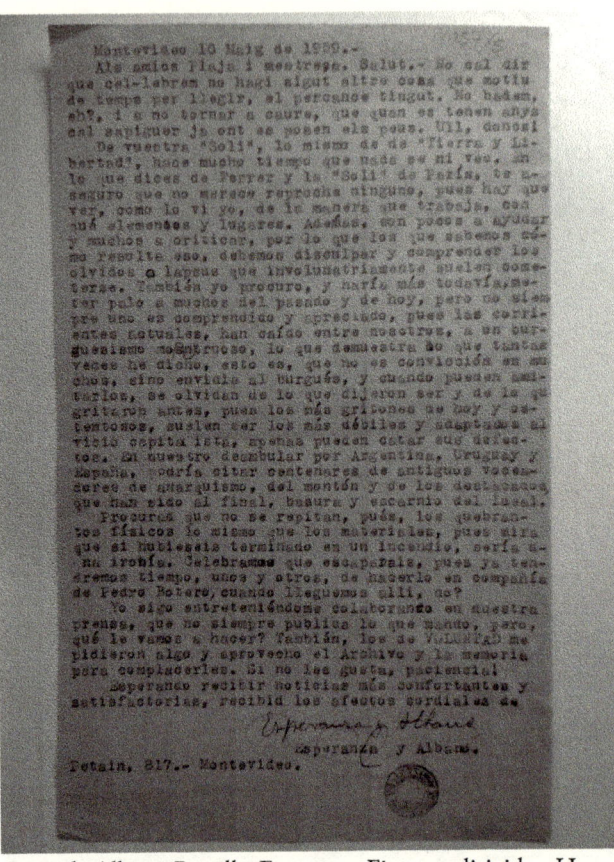

Carta de Albano Rosell y Esperança Figueras dirigida a Hermós
Plaja y Carme Paredes. Montevideo, 1959. Fuente: Biblioteca
Pública Arús (Barcelona)

Retrato de Esperança Figueras. Sabadell, 1900. Fuente: Archivo
familia Rosell.

Retrato de alumnos i alumnas de la Escuela Integral de Primera
Enseñanza. Sabadell, 1908. Fuente: Archivo familia Rosell.

Rosell, de pie al fondo a la izquierda, junto a Moix. Avenir está sentado en el suelo junto a su madre Esperança. Ribera del Xúcar, en Carcaixent (València). Año 1919. Fuente: Archivo familia Rosell.

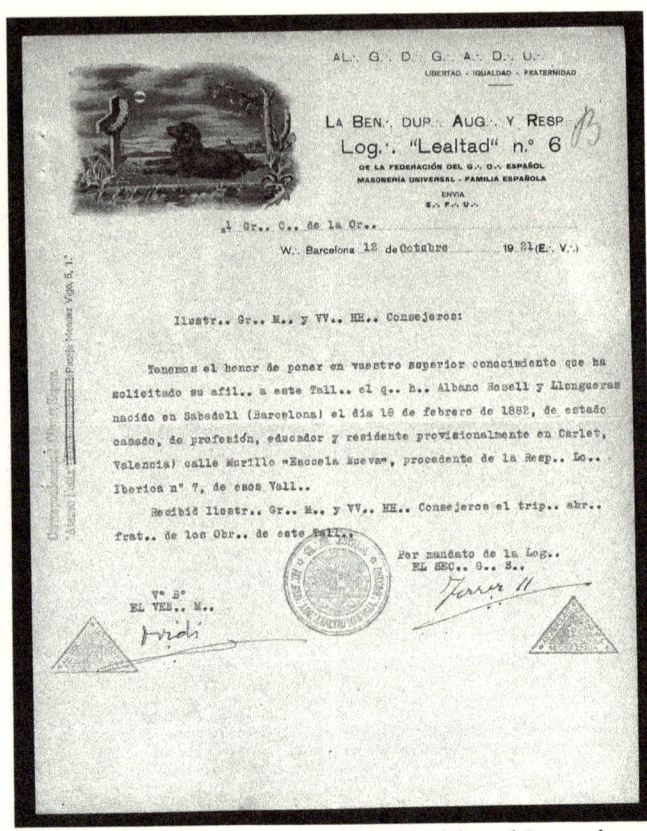

Hoja de afiliación a la Logia Lealtad nº6. Tribunal Especial para la Represión de la Masonería y el Comunismo. Madrid, 1941. Fuente: Centro Documental de la Memoria Histórica.

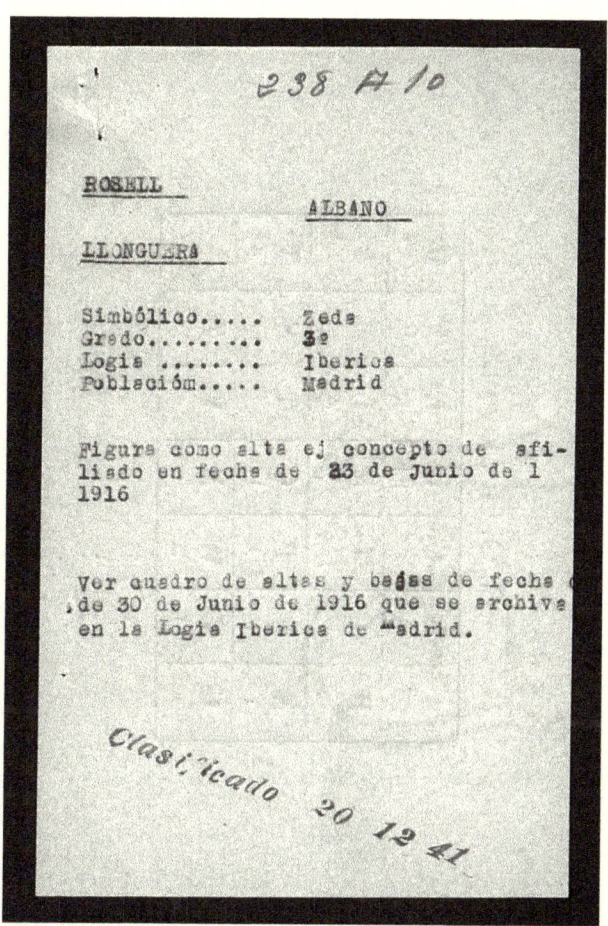

ROSELL

            ALBANO

LLONGUERA

Simbólico..... Zede
Grado......... 3º
Logia .... Iberica
Población..... Madrid

Figura como alta ej concepto de afi-
liado en fecha de 23 de Junio de l
1916

Ver cuadro de altas y bajas de fecha
de 30 de Junio de 1916 que se archiva
en la Logia Iberica de Madrid.

Clasificado 20 12 41

Ficha de encausado por delito de masonería. Tribunal Especial
para la Represión de la Masonería y el Comunismo. Madrid,
1941. Fuente: Centro Documental de la Memoria Histórica.

"La protección masónica". Montevideo, 1927. Fuente: Biblioteca Pública Arús (Barcelona)

Retrato en motivo de las bodas de oro de Albano y Esperança. Montevideo, 1954. Font: Archivo personal de Josep Rosell Casablancas

Albano y Esperança jugando a las cartas con familiares y amigos. Montevideo, 1954. Fuente: Archivo familia Rosell.